JOHN RUSKIN E O ENSINO DO DESENHO NO BRASIL

FUNDAÇÃO EDITORA DA UNESP

Presidente do Conselho Curador
Herman Jacobus Cornelis Voorwald

Diretor-Presidente
José Castilho Marques Neto

Editor-Executivo
Jézio Hernani Bomfim Gutierre

Conselho Editorial Acadêmico
Alberto Tsuyoshi Ikeda
Áureo Busetto
Célia Aparecida Ferreira Tolentino
Eda Maria Góes
Elisabete Maniglia
Elisabeth Criscuolo Urbinati
Ildeberto Muniz de Almeida
Maria de Lourdes Ortiz Gandini Baldan
Nilson Ghirardello
Vicente Pleitez

Editores-Assistentes
Anderson Nobara
Henrique Zanardi
Jorge Pereira Filho

CLAUDIO SILVEIRA AMARAL

JOHN RUSKIN E O ENSINO DO DESENHO NO BRASIL

© 2011 Editora UNESP

Direitos de publicação reservados à:
Fundação Editora da Unesp (FEU)

Praça da Sé, 108
01001-900 – São Paulo – SP
Tel.: (0xx11) 3242-7171
Fax: (0xx11) 3242-7172
www.editoraunesp.com.br
www.livraria.unesp.com.br
feu@editora.unesp.br

CIP – BRASIL. Catalogação na fonte
Sindicato Nacional dos Editores de Livros, RJ

A513j

Amaral, Claudio Silveira
   John Ruskin e o ensino do desenho no Brasil / Claudio Silveira Amaral. São Paulo : Editora Unesp, 2011.

   Inclui bibliografia
   ISBN 978-85-393-0204-8

   1. Ruskin, John, 1819-1900 – Influência. 2. Desenho – Estudo e ensino. I. Título.

11-8120   CDD: 741.2
                                               CDU: 741.02

Este livro é publicado pelo projeto *Edição de Textos de Docentes e Pós-Graduados da UNESP* – Pró-Reitoria de Pós-Graduação da UNESP (PROPG) / Fundação Editora da UNESP (FEU)

Editora afiliada:

Asociación de Editoriales Universitarias de América Latina y el Caribe

Associação Brasileira de Editoras Universitárias

SUMÁRIO

Prefácio   7
Introdução   15

1 As ideias de John Ruskin   31
2 A Arquitetura   45
3 Alguns antecedentes da teoria de Ruskin   67
4 John Ruskin e o desenho no Brasil   75

Referências bibliográficas   137

PREFÁCIO
ENSINO E MODERNIDADE

O trabalho de Claudio Silveira Amaral, *John Ruskin e o ensino do desenho no Brasil*, obriga a uma releitura das últimas décadas do século XIX no Rio de Janeiro e em São Paulo e, consequentemente, das primeiras décadas do século passado.

Em nossa visão, a Guerra do Paraguai pode ser considerada um "divisor de águas" entre um Brasil com perfil de uma sociedade amparada em uma economia colonial e um estatuto do trabalho escravista, e um Brasil que lentamente se inseria no mercado mundial como parceiro da sociedade moderna. Ou seja, enquanto o açúcar e o ouro eram exportados nos quadros do Império Português e mesmo nas primeiras décadas do Brasil independente, havendo muito pouca repercussão no quotidiano das pessoas, a partir de 1870, a cada saca de café enviada ao mercado mundial, correspondia um metro de trilho, um relógio de estação, um lenço de cambraia, uma ideia recém-elaborada na Europa, que, importada, iria alterar a paisagem local. Emblemáticos dessa situação, podemos dizer (sem desprezar outros sutis fenômenos) desse novo estado de coisas, são dois edifícios: o Palácio Imperial de

Petrópolis (residência de verão do imperador, projeto de Guilhobel e Jacinto Rebelo (1860), discípulos de Grandjean de Montigny) e o monumento-museu da Independência, em São Paulo, projeto de Tommaso Gaudenzio Bezzi (1888), com certeza o maior edifício construído na provinciana cidade na época.

Da mesma forma, podemos reconhecer no encontro desses dois homens, Rui Barbosa e John Ruskin, em 1882, no Liceu de Artes e Ofícios (LAO) do Rio de Janeiro, um amadurecimento da intelectualidade brasileira para os grandes desafios do mundo moderno.

Rui Barbosa, em novembro de 1882, quando proferiu sua palestra no Liceu de Bettencourt da Silva, terminara dois extensos e exaustivos pareceres sobre a reforma do ensino no Brasil, abrangendo todos seus níveis: primário, secundário e superior. Esses dois relatórios da Comissão Parlamentar de Reforma de Ensino no Brasil, que totalizam mais de setecentas páginas, devem ter maravilhado seus leitores, pois abandonando as práticas correntes da oratória pública brasileira, onde abundavam as florações literárias e retóricas e escasseavam as fundamentações das afirmações, ali tudo era exposto com suas comprovações exaustivas.

De fato, o texto considerado era um requisitório duplo contra o ensino até então praticado no Brasil; em primeiro lugar em relação ao número de alunos matriculados nos cursos do país, servindo-se exaustivamente das modestas, para não dizer incompletas, coletas de dados existentes. Inclusive denunciando a confusão inocente ou maliciosa entre matrícula e frequência, com a qual se mascarava a real situação de analfabetismo da época (cerca de 78% da população). Em segundo lugar, pela crítica à qualidade de ensino, justamente distante dos fatos e contentando-se com um aprendizado puramente mnemônico e retórico.

Nesse sentido, os dois relatórios completavam-se com a tradução da 40ª edição do livro do educador norte-americano Calkins, bem como sua adaptação à língua portuguesa, cujo título dominou durante muitas décadas a pedagogia no Brasil: *Lições de coisas*.

Podemos dizer que essas obras de Rui Barbosa não só inauguram (coisa nunca vista ainda na cultura brasileira da época) um discurso inteiramente apoiado em documentações precisas, factuais, mas também pela primeira vez se tem a exposição no Brasil do método científico segundo Auguste Comte. Nesse sentido, os dois relatórios sobre a reforma do ensino no Brasil, subscritos pelo relator Rui Barbosa e por seus dois colegas, companheiros de parlamento, Thomaz do Bonfim Espíndola e Ulysses Machado Pereira Vianna, e *Os Sertões* de Euclides da Cunha não só são talvez as obras máximas do pensamento comtiano no Brasil, mas marcam a emancipação do pensamento brasileiro em relação ao universo cultural ainda vincado pela religiosidade jesuítica e pela mística como explicação da realidade social.

É verdade que a excelência do trabalho de Rui Barbosa garantiu-lhe uma reverência ela mesma mística e acrítica, que talvez tenha lhe propiciado o grande fracasso do *encilhamento*, quando em um país com economia ainda dependente de um comércio internacional de produtos primários, procurou estabelecer regras liberais. Essa crise foi descrita por um monarquista histórico, Visconde de Taunay, com afiada crítica:

> – Em que darão todas essas empresas? – perguntara um dos ingênuos da praça.
> – Fundir-se-ão num só banco – respondera ele convicto.
> – Deveras, qual deles?
> – O banco dos réus.[1]

O positivismo comtiano encontrou seu funeral na Primeira Guerra Mundial, quando sua mais conhecida tese

---

1 Visconde de Taunay. *O encilhamento*, Belo Horizonte: Itatiaia, 1971, p.240.

reformista, o progresso humano consequência da difusão popular do conhecimento, viu-se desmentida da forma mais hedionda; foram as nações onde o ensino atingira os mais altos níveis que provocaram a primeira hecatombe do mundo moderno.

John Ruskin, também a seu modo, assiste e é protagonista de uma ruptura histórica, pois sendo um excelente desenhista, notabilizou-se muito mais como crítico de arte, "o maior mestre em assuntos de arte que este século já produziu", no dizer de Rui Barbosa em 1882. Pelo seu dedicado e decisivo apoio aos *pré-rafaelitas*, ele inverteu a tendência corrente desde a Renascença italiana no relacionamento entre artistas e intelectuais. Com efeito, se de um lado, na Itália do norte, os artistas foram se libertando das corporações de *oficiais mecânicos* e ganhando a condição social de *artistas liberais*, não sem dificuldades Leonardo da Vinci ainda registrou, no fim do século XV, início do século XVI, a seguinte observação:

> Sei perfeitamente que, por não ser literato, algum presunçoso pensará ter razão ao censurar-me, alegando que não sou homem de letras. Gente estúpida! Ignoram que eu poderia responder-lhes como fez Mário aos patrícios romanos, dizendo-lhes: Os que se vangloriam com as obras alheias, as minhas não querem reconhecer.
>
> Dirão que por eu não ser um homem de letras, não posso expressar bem aquilo que pretendo dizer. Ora, não sabem que os meus trabalhos são mais para serem deduzidos a partir da experiência que das palavras dos outros e que a experiência foi mestra de quem escreveu bem e assim por mestra eu a tomo e em todos os casos argumentarei com ela![2]

---

2 Leonardo da Vinci. *Obras literárias filosóficas e morais*, São Paulo: Hucitec, 1997, p.175.

Com John Ruskin e com os *pré-rafaelitas* se dá justamente o contrário: eram todos rapazes de Oxford, literatos, membros do cenáculo inglês (Dante Gabriel Rossetti, William Morris), que se inclinaram para as Artes Plásticas. William Morris, o mais conhecido discípulo de Ruskin, foi mesmo convidado a ser *Poeta Laureado* da Coroa, honra que, entretanto, recusou. Provavelmente por coerência política, pois foi um severo crítico do Império Britânico e de sua opressão aos outros povos, mas talvez também para não correr o risco, na condição de paradigma dos poetas, de ofuscar sua condição de artista gráfico, desenhista e criador de móveis e decorações.

Rui Barbosa demonstra, em sua apreciação sobre e esforço de Béthencourt da Silva – que, aliás, tem sua origem na França dos iluministas e de Grandjean de Montigny e Joachim Lebreton –, compreensão clara da proposta do esteta inglês:

> Entre a arte aliada à cultura industrial e as belas artes, não há divisória insuperável, não há heterogeneidade. Nem a Grécia, nem Roma, nem a Renascença conheceram essa demarcação.
>
> Entre esses dois domínios, que se discriminam simplesmente, por uma gradação de matizes, há uma dependência indissolúvel: não é possível aparelhar o artista para as artes industriais, sem aproximá-lo, até certo ponto da vereda que conduz à grande arte.
>
> O Estado ainda não aprendeu outro meio de acudir às crises, remover os déficits se não endividar-se e Tributar. Solicitai dinheiro para ensino, e vereis apurarem-vos migalhas. Em palavras, todas as homenagens à instrução popular, nos fatos, uma avareza criminosa.
>
> O dia em que o desenho e a modelação começarem a fazer parte obrigatória do plano de estudos na vida do

12 CLAUDIO SILVEIRA AMARAL

ensino nacional, datará o começo da história da indústria e da arte no Brasil.

Resta, portanto, à iniciativa individual acordar o país. Neste sentido o Liceu de Artes e Ofícios é um rasgo de heroicidade moral que inspira aos mais incrédulos uma confiança reanimadora. O nome de Bethencourt da Silva pertence ao número de beneméritos cuja condecoração incumbe à história.[3]

Certo desconsolo do grande jurisconsulto, manifestado em muitos escritos, parece-me antes recurso retórico, pois aparentemente os positivistas do Partido Republicano Paulista acolheram cuidadosamente a lição de Rui Barbosa e, a partir de 1886, data da criação da Comissão Geográfica e Geológica do Estado, fulcro de alavancagem de inúmeras instituições científicas, fundaram, logo após a instalação do novo regime político, várias organizações de pesquisa (o Instituto Agronômico de Campinas, o Instituto Biológico, o Horto Florestal, a Escola Politécnica, a Faculdade de Medicina, o Instituto Butantã, o Instituto Pasteur, entre outros), bem como as *escolas normais* e grupos escolares construídos com apuro, até a Revolução de 1930 e respondem, sem dúvida pelo alto desempenho agrícola, industrial e científico de São Paulo, desde então.

Não cabe aqui, neste breve prefácio, analisar o quanto esse pensamento já não compreendia toda a complexidade da realidade social moderna. Mas também não podemos deixar de assinalar que o mesmo crítico sarcástico de Rui Barbosa, Mário de Andrade, em sua carta às icamiabas (*Macunaíma*), em 1928, seria o mesmo que em 1937, em sua aula inaugural na Universidade Federal (*O artista e o artesão*), enfrentaria os mesmos problemas institucionais

---

3 Barbosa, Rui. *O desenho e a arte industrial*. Rio de Janeiro: Rodrigues & Cia, 1949, s.p.

que esses artistas e intelectuais oitocentistas, na limitação de sua formulação, nos legaram.

Trata-se pois de aprofundar esse momento decisivo da história brasileira e, quem sabe, ampararmos novos estudos. Enquanto isso, aproveitemos a lição que Claudio Silveira Amaral nos oferece.

Julio Roberto Katinsky

Introdução

A originalidade deste trabalho esta em demonstrar que o principal assunto tratado por John Ruskin é uma concepção de *lógica* e de *razão* que estrutura temas como Arquitetura, Pintura, Política Econômica, religião e vários outros. Diferente da opinião de alguns historiadores da Arquitetura Moderna[1] que analisaram a obra ruskiniana sobre Arquitetura de forma isolada, desvinculada dos demais assuntos, aqui ela será compreendida interna a uma lógica e a uma razão que estruturam todos esses assuntos. Pretende-se demonstrar que o objetivo de Ruskin não era constituir uma teoria da natureza, da Pintura, da Política Econômica ou mesmo da Arquitetura, mas utilizar a mesma lógica de composição em todos esses assuntos.

Na perspectiva de que o assunto principal de Ruskin é a uma concepção de lógica podem-se localizar aspectos relevantes da obra ruskiniana no Brasil do século XIX, especificamente no *primeiro projeto de industrialização* do país ocorrido na cidade do Rio de Janeiro na segunda

---

1 Cf. Frampton, K.; Pevsner, N.; Van Loon, W. H.; Gombrich, E. H. J.; Curtis, W.; Argan, G. C. entre outros.

metade deste século. O projeto em questão é *a política do ensino do desenho* do Liceu de Artes e Ofícios (LAO) do Rio de Janeiro e a reforma do ensino primário de Rui Barbosa, uma política que pretendeu transformar o país de agrário em industrial. Seu epicentro é a educação da estética voltada para a construção de um mercado de trabalho popular. Acreditava-se que a educação da estética seria o veículo ideal para alterar os valores de uma sociedade que desprezava o trabalho manual para uma que o valorizasse.[2]

John Ruskin foi um crítico de arte inglês que viveu no século XIX na Inglaterra vitoriana. Considerado o defensor

---

2 "A harmonia, diz Steleson, que deve existir entre a educação e as exigências industriais da atualidade, exige também que o desenho ocupe um lugar conspícuo na educação popular. Tanto pelo aperfeiçoamento pessoal, que o desenho produz como também pela sua utilidade prática, deve ser ele ensinado em todas as escolas públicas. Em verdade, e como resultado de vastas e cuidadosas investigações feitas em várias épocas, com o fim de determinar a melhor espécie de educação para produzir operários peritos, e para promover o progresso industrial, os governos da Europa dão agora mais importância ao desenho do que qualquer outro estudo. Na verdade, o desenho ocupa uma posição tão importante na educação do povo, na mor parte dos países da Europa que se pode dizer constitui em geral a quarta parte de toda a educação que recebem os homens e mulheres de ofício. Na França onde desde muito tempo os mestres são bem educados no desenho, é opinião corrente que este ensino deve ser também aumentado a aperfeiçoado. Com efeito, os fatos provam com evidência que, na Europa, o bem estar individual e a prosperidade dos estabelecimentos manufatureiros assim como a dos países onde se situam, dependem, em grande parte, da instrução popular do desenho. Ele presta às indústrias serviços de inestimável valor. Não só o povo deve ser instruído nas regras principais do desenho e nas suas mais importantes aplicações industriais, como também ser habilitado para adquirir, em alto grau capacidade artística tanto intelectual quanto manual. O que é bem feito faz-se em geral por um bom desenho. Os mais belos resultados industriais tem sido obtidos quando a pessoa que desenha, é a mesma que executa; e mais ainda quando o operário tem recebido a necessária educação artística" (Barros, 1956, p.222).

do estilo *gótico revival*, mais especificamente o *neogótico veneziano*, se viu obrigado, no prefácio da edição de 1849 de *As sete lâmpadas da Arquitetura*, e depois, no de 1855, a desmentir tal preferência,[3] pois suas ideias pretendiam divulgar não um novo estilo, mas uma nova forma de raciocínio que se dizia contrária a qualquer tipo de estilo.

Helsinger (1982), Hersey (1982) e Hunt (1982) dizem que Ruskin possui um *pensamento visual*, um *pensamento espacial*. A lógica visual é por eles considerada o oposto da lógica formal. Enquanto esta se prende a uma sequência linear, presa a um tempo que cresce em argumentos (quer sair do ponto A e chegar no B), a primeira irá justapor assuntos, usará da simultaneidade ao invés da linearidade, tratará do tempo como um devir, poderá se perder em divagações quando achar necessário, divertir-se-á com as cores, com aproximações e distâncias, com texturas, associará assuntos nunca antes associados, usará o recurso da metáfora para valorizar suas associações. Assim é o raciocínio de Ruskin para esses autores, um tipo de pensamento ao qual chamaram de *espacial*.

A obra de Ruskin tem por base o ensino da visão, que, segundo ele, poderá ler a *lógica* da *natureza*. Identificou esse procedimento na pintura de Joseph Turner, mas Ruskin diz que é impossível ler essa obra, pois ela só poderá ser sentida. Por isso a leitura, para ele, será sempre o resultado da apreensão de uma lógica cuja razão é sentida durante o olhar captado por uma *primeira impressão*.

---

3 "Em 1849 Ruskin argumentou no prefácio de 'As sete lâmpadas da Arquitetura' a rejeição a qualquer tipo de estilo arquitetônico. '...*nós não queremos nenhum estilo em arquitetura, mas uma mistura de estilos, algo novo que não possa ser caracterizado como um estilo*'. Para Ruskin, a aceitação de um estilo em específico levaria a paralisação da criatividade arquitetônica, pois assim que esse estilo fosse aceito passaria a se repetir como se fosse um carimbo" (Crook, 1982, p.69).

Helsinger atribuiu essa teoria não a Ruskin, mas a Wordsworth, cujas associações com cores, sons e memórias compunham seus textos. Wordsworth classificou esse procedimento de *sublime*. Queria uma unidade entre coisas que, a princípio, não se misturam, porém possuem a mesma lógica de composição.

Diferente do sublime de Burke relacionado ao prazer que vem da dor, chamado por Helsinger de negativo, o de Wordsworth, assim como o de Ruskin, é derivado da noção de *pitoresco*. As partes se compõem para dar sentido a um todo. Esse todo é composto por objetos, efeitos, sensações, memórias, cores...

A tradição na arte inglesa, segundo Pevsner (1955), desde o século XVIII, foi manter relações com a pintura de paisagens. O artista comunica, por meio da pintura, um texto histórico, uma descrição. No entanto, uma mudança ocorreu no século XIX, quando Turner fez uso da teoria perceptiva de Berkeley, que, contrariamente a Locke, reconhece a percepção nas cores e luzes e não apenas nas formas. Em seguida, apareceu a teoria das cores de Goethe, a qual é dito Turner possuir um exemplar (2000, p.89).

A pintura de Turner, para Ruskin, é a visualização de uma lógica que constrói uma unidade, uma razão.

Clark, Helsinger, Hersey e Hunt consideram a produção ruskiniana não apenas uma interpretação da obra de Turner, mas uma obra de arte em si, uma obra que propõe repensar as teorias perceptivas de então.

Hunt acredita que a produção ruskiniana deva ser apreendida como se fosse *um todo*, do mesmo modo que o sublime de Wordsworth. Ao ler/ver a obra ruskiniana dessa forma, passa-se a entender seu método, resultando em uma leitura na qual os temas serão menos importantes do que o método. Assim, esses assuntos, hoje vítimas de severas críticas por não resultarem de estudos aprofundados, se tornam meros coadjuvantes na medida em que assumem o segundo plano.[4] As *verdades* ruskinianas se transformam em impressões pessoais de Ruskin, o que não compromete a qualidade do método.

Ruskin não se importava em emitir opiniões sobre assuntos que não dominava, pois insistia em ter o direito de opinar mesmo não sendo um especialista, além do que, seu assunto principal não eram os assuntos tratados de forma isolada, mas um método cuja lógica estaria presente em todos eles.

O pensamento espacial de Ruskin possibilitou uma série de interpretações a seu leitor, desde os que entenderam sua obra composta por assuntos isolados, até os que a viram como uma obra só. Aqui a produção ruskiniana será tratada como uma obra só, sendo seu principal assunto uma estrutura de composição. Os volumes I, II, III, IV e V de *Pintores modernos* mais os volumes I, II, III de *As pedras de Veneza*, somados a *As sete lâmpadas da Arquitetura*, serão tratados como uma única obra.

Para Ruskin, ensinar a desenhar é ensinar a ver, e ensinar a ver é ensinar a ler a lógica da natureza. "Lembrem-se", dizia, "não estou aqui para ensinar você a desenhar, estou aqui para ensiná-lo a ver" (Haslam, 1988, p.75).

Ruskin se comporta como se fosse um profeta que anuncia a *verdade* a seus discípulos. Para tal não utilizou regras para o ensino do desenho; dizia que cada aluno deveria construir seu próprio caminho de forma empírica conforme seu olhar; a única coisa que pedia a esse olhar é que fosse composto por associações, por assuntos justapostos, por memórias e simultaneidade de tempos, pois assim a lógica natural poderia aflorar para a consciência.

---

4 Bradley fala da fúria dos especialistas em relação a Ruskin emitir opiniões sobre o que, a princípio, não havia se aprofundado (Bradley, 1984, p.14, 17, 113, 272).

O desenho ensinado pelo crítico de arte inglês continha uma teoria da percepção. Ele costumava dizer "Turner não pinta aquilo que vê, mas o que sente", e esperava isso de seus alunos. Na verdade, nunca houve um Ruskin professor, pelo menos não na concepção atual da profissão. Sua obra foi seu ensino, ele queria ensinar a ver por meio de seus escritos. Ruskin ministrou aulas no *Working Men's College*, em Londres, e no *Ruskin School of Drawing and Fine Art*, em Oxford. Hoje existe o *Ruskin College*, em Oxford, voltado à qualificação profissional de pessoas que não tiveram acesso aos estudos. Seu ensino do desenho era sua reforma da percepção, que por sua vez continha uma proposta de reforma da sociedade industrial de então.

O desenho ruskiniano se relaciona com a percepção, a educação, a cultura e as relações sociais no trabalho. A lógica presente em sua concepção de razão é quem estrutura todos esses assuntos.

Jolly[5] considerou Ruskin imerso na tradição platônica na qual o *bom é o belo*. A estética e a ética se associam e são tratadas como se fossem uma coisa só. O ensinar a *ver* ruskiniano contém, sem dúvida, uma proposta de ética despertada pelo culto ao belo. No entanto, busca enxergar na paisagem esse belo. O belo é, portanto, o resultado de um relacionamento entre objetos, sensações e memórias. É também o resultado de relações sociais cuja política contém uma ética que, segundo ele, pertence à lógica da natureza. Essa ética aparece para a sociedade na forma de uma organização do trabalho cuja expressão é uma *política* da ajuda mútua. Ruskin procurou enxergar essa ética na paisagem qualificando-a de bela. Ele sentia essa *política*

---

5 "[...] o efeito do treinamento da estética, além de trazer outros benefícios, altera aspectos da moral. Devemos esse raciocínio aos ensinamentos de Platão. Para ele a arte era o cultivo da moral. [...] o belo e o bom era constantemente associado" (Jolly, 1894, p.96).

no qual seus elementos constituintes dependem uns dos outros para viver uma situação de harmonia.

A Arquitetura apareceu na teoria ruskiniana como o melhor exemplo dessa ética (lógica). Quando Ruskin visualiza um edifício, enxerga as relações de trabalho que construíram sua noção de estética.

Ele utilizou a religião para tratar do assunto da criação arquitetônica. Explicou a existência de um *deus* arquiteto construtor da natureza, sendo seu trabalho criativo e perfeito. Reconheceu a imperfeição do homem, mas admitiu que poderia ser criativo, porém nunca perfeito. Por ser imperfeito, teria de pedir ajuda a outros homens. E só seria criativo caso se associasse aos outros para trabalhar de forma cooperativa por meio da ética da *ajuda mútua*.

Uma das frases mais conhecidas do crítico de arte inglês é "o trabalho deve ser feito com prazer".[6] Implica em uma concepção de prazer diferente da cultura vitoriana de seu tempo, na qual prazer é o divertimento após o trabalho e se realiza no ato do consumo. Para Ruskin, o prazer pertence ao mundo do trabalho, *este deve ser feito com prazer*, entendendo que o trabalho criativo causa prazer. Além de o trabalho ser feito com prazer, ele deve produzir coisas úteis para a vida, ou seja, Ruskin foi contra a produção de objetos de luxo e de destruição.

A teoria da percepção ruskiniana busca enxergar um belo. No entanto, este é fruto de uma lógica que expressa uma ética que aparece na Arquitetura sob a forma de relações no trabalho. Foi a partir dessas associações que a

---

6 Frase que influenciou William Morris a escrever *News from Nowhere*, novela que fala de uma sociedade utópica na qual a atividade do trabalho ocorre segundo o desejo e as particularidades de cada um. Assim, o resultado do trabalho é, para Morris, sempre uma obra de arte, pois é o resultado de uma atividade feita com prazer (Thompson, 1955, p.802).

teoria da Arquitetura ruskiniana definiu-se pela superação da diferença entre as artes liberais e as artes mecânicas.

Ruskin, ao considerar a ética do trabalho a *política* da ajuda mútua, posicionou-se contrário a qualquer tipo de divisão no trabalho. Para ele, as relações no trabalho devem abolir a separação entre quem pensa e quem faz. É talvez por isso que a mistura de estilos na Arquitetura o agradou, pois esse *ecletismo* expressa a liberdade de os mais variados gostos existirem de forma simultânea e justaposta.

Essas ideias de estética estiveram presentes não apenas na Europa do século XIX, mas também no Brasil. O LAO do Rio de Janeiro foi fundado pelo arquiteto Joaquim Francisco Béthencourt da Silva em 1856. A presença das ideias de Ruskin se deu por vias indiretas, notadamente pelas mãos de Rui Barbosa. Sabe-se que Barbosa atuou no LAO como sócio honorário.

Rui Barbosa dedicou grande parte de sua vida à educação. Propôs a ampliação da filosofia do ensino do LAO para todo o sistema educacional do país com a reforma do ensino primário. Dizia que antes de aprender a ler ou a escrever, o aluno deveria aprender a desenhar.

> A importância do desenho como disciplina inseparável da escola popular é uma das forças mais poderosas para a fecundação do trabalho e o engrandecimento da riqueza dos Estados. Rui acrescenta a sua importância como instrumento de transformação de uma pedagogia meramente retórica e verbalista, num processo de desenvolvimento intelectual através do uso dos sentidos, da percepção e transcrição dos objetos Froebel, Pestalozzi, Rabelais, Fénolon, Lutero, Bacon e Comênios são frequentemente citados. (Barbosa, 1986, p.145)

Os intelectuais que investiram nesse projeto de industrialização estavam atentos aos acontecimentos que ocor-

JOHN RUSKIN E O ENSINO DO DESENHO NO BRASIL **23**

riam na Europa, e foram sensíveis às críticas à Exposição Londrina de 1851[7] feitas por John Ruskin sobre a falta de arte nos produtos industriais. O crítico de arte inglês não apenas criticou o desenho mal feito dos produtos, mas o modo como eram produzidos. Criticou a divisão do trabalho industrial e propôs uma com base no cooperativismo. De suas críticas surgiu o *Arts and Crafts* inglês, diferente do Liceu brasileiro, mas sintonizado em alguns aspectos.

Não seria correto dizer que o LAO é fruto dos pensamentos de John Ruskin, embora existam algumas aproximações. Isso porque a origem do LAO está na Missão Francesa que veio ao Rio de Janeiro em 1816[8] para fundar duas escolas, uma para as artes liberais e outra para as artes mecânicas.[9]

---

7 Exposição, realizada em Londres em 1851, de produtos industrializados de vários países. Serviu para expor a qualidade dos produtos da revolução industrial. Comentário de Rui Barbosa ao evento: "A organização, as dimensões dos edifícios e a quantidade de produtos eram verdadeiramente imponentes. A qualidade, do ponto de vista da arte decorativa, era abominável. Os visitantes mais inteligentes se deram conta disso e o fato fez nascer na Inglaterra e em outros países discussões sobre as causas de uma deficiência tão evidente" (Gama, 1986, p.144).

8 Lebreton veio fundar duas escolas, uma para as Artes Liberais e outra para as Artes Mecânicas. A primeira, a de Bellas Artes: "[...] a pintura, a arquitetura e a escultura ali são ensinadas desde os mais simples rudimentos até o mais insignificante traço até o mais aprimorado lavor. O aprendizado da arte não é ali feito somente para o desempenho de um sacerdócio augusto e grandioso. Não basta por isso, aqueles que se dedicam ao seu cultivo, habilidade e boa vontade, é necessário ter talento, espírito elevado e sobretudo vocação decidida. O Liceu de Artes e Ofícios, ao contrário, é uma escola rudimentar, de arte aplicada às diferentes ramificações da indústria fabril e manufatureira, trabalho indispensável à existência das sociedades civilizadas. As matérias essenciais como a linguagem e matemática, necessárias à formação da capacidade individual, e o desenho de sólidos, de figura e de ornatos e o de máquinas, são ali ensinadas com aplicação aos ofícios e às profissões industriais." (Barros, 1956, p.17).

9 Diferença entre as artes mecânicas e liberais em Diderot: "Definida a arte, Diderot passa a explicar a origem da divisão, ou melhor, da

Lebreton trouxe a proposta de *ensino do desenho* como política para industrializar o país. No entanto, em um primeiro momento, em 1826, ocorre apenas a escola voltada às artes liberais.[10] Em um outro momento, em 1856,[11] surgiu o Liceu voltado às artes mecânicas.

Essa política de industrialização é anterior à aparição da influência de Ruskin no país. Fez parte de um movimento maior pertencente ao processo de ruptura do modo de produção feudal com o capitalista, em curso na Europa desde o século XV. De acordo com Gama, expressou a superação da noção de *técnica* pela de *tecnologia burguesa*.

A concepção burguesa de tecnologia é, segundo Gama, a produção de conhecimentos voltados à prática produtiva. Para que essa concepção pudesse aflorar, foi preciso que atividades antes realizadas de forma conjunta passassem a ser feitas de forma separada.

---

distribuição que se fez entre artes liberais e mecânicas. Ele parte do princípio já tradicional de que há obras que são mais do espírito do que da mão, e outras que, ao contrário, são mais da mão do que do espírito. As primeiras deu-se o nome de liberais e às demais, de mecânicas, contudo, essa distribuição é considerada bastante grosseira pelo autor, uma vez que não dá conta das nuanças que delineiam cada uma das artes." (Magnólia, 1989, p.172).

10 O ensino liberal foi o neoclássico. "O neoclassicismo correspondia assim à organização social daquele período, marcado pelas distâncias entre o pensar e o fazer. Um se recolhia no idealismo; o outro, confinado aos aspectos negativos do trabalho, nos desvios econômicos, na mecanização do homem, na coisificação do trabalhador, na orientação não raro repressiva e predatória. Assim, a sociedade exibe, objetivamente, a dicotomia entre o pensar e o fazer, o que vale dizer, embora de forma radical, a distinção entre o poder e o trabalho." (Gama, 1986, p.138).

11 Alguns autores, assim como Gama, vinculam Béthencourt a Lebreton. "As ideias de Lebreton contidas nos manuscritos mencionados (pelo Prof. Mário Barata), não se concretizaram. Ele morreu no Rio de Janeiro em 1819, e apenas em 1856 começaram a aparecer os frutos de suas ideias." (idem, 1987, p.141).

O conceito de tecnologia teria por mérito a atividade da produção material da sociedade, ou seja, direcionava-se ao mundo do trabalho. Por isso, foi preciso erradicar o preconceito em relação ao trabalho manual presente desde a Antiguidade grega, que tratava o trabalho como ato indigno feito por pobres e escravos.

Para os antigos o trabalho manual era um tipo de trabalho indigno e o trabalho intelectual era um tipo de trabalho digno. Assim, se fez a divisão entre as artes liberais (relacionada ao trabalho intelectual) das artes mecânicas (trabalho feito com as mãos na Grécia Antiga feita por escravos). (Gama, 1986, p.67)

É certo que Béthencourt da Silva conhecia as intenções de Lebreton cuja origem está na escola de Bachelier em Paris, escola esta com base no ensino do desenho valorizando as artes mecânicas.[12] Mas não seria correto vincular de forma imediata a proposta de Béthencourt à de Lebreton. O primeiro respondia aos anseios da revolução industrial da segunda metade do século XIX, principalmente aos ataques à Exposição de Londres de 1851.[13]

---

12 "Fora do âmbito confessional, há uma iniciativa muito significativa na França. É a fundação, por Jean Jacques Bachelier, em 1766, de uma escola real para o ensino gratuito do desenho. Iniciou-se com 1.500 vagas e seus alunos destinavam-se aos ofícios artesanais. Essa *école de dessin*, após a revolução passou a ser a *École des Arts Decoratifs*. Bachelier era professor da Academia Real de Pintura, ligado aos enciclopedistas e pode ser considerado um dos pioneiros da educação técnica moderna. Dava grande importância ao desenho. Difunde-se nessa época a ideia de que o desenho é a base de todos os trabalhos mecânicos, e que os trabalhadores competentes devam ser excelentes na arte do desenho" (idem, 1986, p.133).

13 Naqueles anos o Império brasileiro passava por grandes transformações. O espaço urbano do Rio de Janeiro começava a ser remodelado com a arborização e calçamento de ruas, a introdução

A resposta dos brasileiros, assim como a dos europeus, foi investir no *ensino do desenho*. Na Europa, isso significou melhorar a qualidade do desenho do produto industrial. Já para Béthencourt, o ensino do desenho seria uma política para a formação de uma mão de obra qualificada[14] para um mercado de trabalho.

Um dos objetivos desse projeto era alterar a tradição da cultura de uma nação na qual o trabalho era escravo para uma na qual o trabalho fosse uma mercadoria. Para isso, foi preciso valorizar as artes mecânicas. Para Béthencourt, primeiro viria a educação para preparar a sociedade, para só depois erguerem-se as fábricas propriamente ditas.

Rui Barbosa foi um feroz leitor de Ruskin. Em sua biblioteca, hoje pertencente à Fundação Casa de Rui Bar-

---

da iluminação a gás, a construção de redes de esgotos. Aquele foi também um período de grandes mudanças na economia do Império. O café estava em alta, dando lucros crescentes desde 1845. Como efeito dos capitais liberados com o fim do tráfico de escravos, as importações subiram 57% em dois anos. A liberação de capitais permitiu investimentos nunca vistos na indústria e no comércio, até então concentrados principalmente nas mãos de estrangeiros. Sob o impacto da verdadeira avalanche de objetos estrangeiros, a cidade transformava-se em um mercado de consumo ávido de novidades: cavalos árabes, joias, relógios, roupas, produtos manufaturados com as mais diferentes funções foram introduzidos no dia a dia da sociedade. O acesso a produtos de luxo e o uso de objetos estrangeiros manufaturados em grande escala reforçava o clima de otimismo. "Indústria", "técnica", "beleza" tornaram-se valores cada vez mais caros às elites concentradas em adotar formas de viver associados às chamadas nações "civilizadas". O clima de exaltação que viviam os países aos progressos técnicos seria impulsionado, certamente, pelas críticas a Exposição inglesa de 1851 (Squeff, 2000, p.167).

14 O Liceu visava: "formar os artífices da indústria Nacional e os operários aperfeiçoados de que ela tanto necessitava para progresso, próprio e do país. Verdadeira escola de arte aplicada à indústria, ela proporcionava, além de aritmética, da álgebra, da geometria, da física, da química, da geografia e da história, um curso completo de desenho aplicável a todos os ofícios industriais" (Gama, 1986, p.142).

bosa, se encontram onze obras desse autor. Durante o discurso no Liceu (22 de novembro de 1882), Rui Barbosa traduziu dois trechos do escritor inglês, qualificando-o de "o melhor crítico de arte do momento" (Barbosa, 1974, p.31). No projeto de reforma do ensino primário, citou nominalmente Ruskin em dois momentos. "A grande lição da história, diz o maior mestre em assuntos de arte que este século já produziu, é que [...]" (idem, 1949, p.38).

A relação entre o desenho ruskiniano e o ensino no LAO do Rio de Janeiro não se deu pela aplicação direta da teoria da percepção ruskiniana; ela ocorreu em alguns aspectos. Assim, algumas aproximações são visíveis, como a valorização da arte mecânica feita por Ruskin, encontrada no Liceu; ou a associação entre a estética e a ética feita por Ruskin, também presente no Liceu. Ou ainda a metodologia do desenho arquitetônico ruskiniano, que desrespeita as regras da composição clássica e dá liberdade ao gosto pessoal do artista construtor, também presente no Liceu.[15]

No entanto, existiram algumas discordâncias entre as ideias de Ruskin e as do Liceu, como a concepção de *lógica* da *natureza*, presente em Barbosa,[16] mas não no Liceu; ou a proposta de suprimir a separação entre o trabalho manual e o intelectual no processo produtivo, presente no *Arts and Crafts* inglês, mas não no LAO; ou ainda a concepção de estética arquitetônica ruskiniana, presente, em parte, no Liceu.

É certo que as ideias de John Ruskin não foram totalmente incorporadas ao Liceu, no entanto sua defesa das

---

15 "O nosso curso não fazia questão de diretrizes estéticas, não se obrigavam os estudantes a seguir as opiniões particulares do professor, que dava plena liberdade de expressão, cuidando unicamente da técnica; e por isso, pode-se afirmar que raramente foram alcançados na gravura artística resultados tão interessantes" (Barros, 1956, p.331).

16 Vista adiante, no capítulo sobre Ruskin e Rui Barbosa.

artes mecânicas ou sua concepção eclética de arquitetura coincidem com os ideais de ensino desse projeto de industrialização cuja base foi a *política do ensino do desenho*.

O LAO do Rio de Janeiro pretendeu criar um mercado de trabalho[17] com base no conhecimento da estética. Nesse sentido, é possível deduzir que os desenhos das fachadas dos edifícios do Corredor Cultural do Centro Histórico da cidade do Rio de Janeiro sejam fruto de seu ensino. O intuito de sua mantenedora, a Sociedade Propagadora das Bellas Artes, era difundir as artes aos espaços da cidade, queria transformar a cidade em uma *obra de arte*.

Não foi possível comprovar a existência de vínculos diretos entre as ideias de John Ruskin e os desenhos das fachadas do Corredor Cultural, pois os registros históricos são insuficientes e incompletos. No entanto, analisando as citações de Rui Barbosa e as semelhanças entre o método de desenho do Liceu e os de Ruskin, pode-se supor tal vínculo.

Também não foi possível comprovar que os alunos do Liceu foram os artistas que desenharam as fachadas do Corredor Cultural, embora se saiba que o LAO foi a única escola na época que formou pedreiros, carpinteiros, cantareiros e mestre de obras com conhecimento em estética.

Foi encontrado no Arquivo Geral da cidade do Rio de Janeiro o nome de 297 construtores de edifícios do Corredor Cultural na região do Saara (o Corredor Cultural consta de três regiões, uma delas é o Saara). Destes, apenas 13

---

17 A formação de um mercado de trabalho era uma condição necessária para iniciar um processo de industrialização. Isto já estava posto desde os tempos de Lebreton: "substituindo as antigas escolas de latim, os ginásios humanísticos. Sua missão era romper os moldes estreitos das escolas realistas até então existentes e promover a formação de homens livres e não de escravos de uma profissão. Nelas era mais importante a formação geral do que a preparação profissional específica" (Gama, 1986, p.136).

foram identificados como sendo alunos do LAO. Esses registros são incompletos, pois contêm poucos nomes. Grande parte foi destruída no incêndio que consumiu sua biblioteca e seu arquivo em 1893.

Considerando que os autores dos desenhos das fachadas dos edifícios do Corredor Cultural do Rio de Janeiro foram os próprios operários construtores, e considerando que são desenhos de qualidade inquestionável, talvez por isso possa-se dizer que seus autores estudaram no LAO do Rio de Janeiro, escola voltada à formação de mão de obra operária qualificada em estética.

Sabe-se que muitos professores do Liceu pertenceram à Academia Imperial de Belas Artes, porém estes não ministravam o *ensino neoclássico* como o faziam nas Belas Artes (ensino calcado no treino de regras rígidas de composição), mas sim noções básicas de desenho, permitindo a livre manifestação do gosto do aluno.

John Ruskin foi contra o ensino de regras para o desenho, buscou um conhecimento empírico no qual o aluno descobre seu jeito de desenhar desenhando. Insistia para que associações entre estilos fossem feitas, imaginando, com isso, a visualização da lógica natural.

Foi com base nesse pensamento que John Ruskin valorizou os desenhos dos edifícios de Veneza, com ênfase na coragem de seus artistas para se afastar das regras da composição clássica, criando assim desenhos inéditos.

O conceito de estética arquitetônica ruskiniana privilegia o desenho da técnica estrutural do edifício.[18] No entanto, o ornamento, para Ruskin, expressa a subjetividade do construtor.

Os desenhos do Corredor Cultural são de livre associação, misturam diferentes estilos arquitetônicos em

---

18 Tratado no capítulo sobre a noção de estética arquitetônica ruskiniana.

uma única fachada. Diferente dos de Veneza, que, além de serem originais, integram a concepção de estética ruskiniana expondo o desenho de suas estruturas em arcos; os do Corredor Cultural do Rio de Janeiro são apenas fachadas, porém ricos em ornamentos.

A mistura de estilos foi de extrema importância para John Ruskin. A Ruskin Library da Universidade de Lancaster possui os cadernos de desenhos produzidos por Ruskin durante suas viagens a Veneza. Stephen Wildman,[19] curador da biblioteca, informou que "Ruskin costumava picotar vários desenhos para misturá-los aleatoriamente criando assim, desenhos inéditos".

Ruskin não foi um neogótico, como fez questão de afirmar nos dois prefácios de diferentes edições de *As sete lâmpadas da Arquitetura*. Mas será que não poderia ter sido um eclético?

Os desenhos das fachadas do Corredor Cultural se aproximam da lógica eclética de Ruskin, pois além de serem originais, resultado da mistura de diferentes estilos, foram concebidos pelos próprios operários pedreiros, ou seja, resultam de relações no trabalho que não separam quem pensa de quem faz.

---

19 Stephen Wildman, curador da Ruskin Library, em entrevista.

1
AS IDEIAS DE JOHN RUSKIN

As ideias de John Ruskin serão divididas, para um melhor entendimento, em três temas: *a natureza, a Pintura* e *a Arquitetura*. Essa divisão é arbitrária, pois o objetivo não é tratar esses assuntos de forma isolada, mas demonstrar a existência de uma lógica que sustenta os três.

A natureza

A visão, para Ruskin, é um assunto determinante. Enxergar é "poesia, profecia e religião ao mesmo tempo" (Ruskin, 1856b, p.268). É um olhar carregado de significados, que vê para além do imediato, atingindo um mediato expresso por uma lógica a qual chamou de *composição natural*. Nesse olhar, Ruskin destacou um assunto que orientará suas demais ideias: uma concepção de *natureza*.

Para Ruskin, tudo o que existe na natureza (homens, animais, vegetais, minerais...) possui uma forma. Sejam quais forem esses elementos, essa forma será sempre dotada de uma parte material e outra espiritual, que chamou de *alma*.

A forma ruskiniana é composta por um desenho e uma alma, que por sua vez agrega uma *moral*. Ruskin esclarece que o desenho da matéria é composto por linhas curvas não fechadas. "Quando olhamos mais atentamente, o que parece ser uma linha reta se revela curva" (ibidem, p.44). É como se víssemos tudo o que existe no universo por meio de um microscópio e enxergássemos apenas linhas curvas...

Em os *Pintores modernos*, fez uma espécie de inventário dos elementos naturais, chamando a atenção para o que qualificou de *essência* da alma, a que deu o nome de *verdade*. Assim, cada elemento natural seria depositário de uma *verdade*, isto é, de uma *essência* que o distinguirá dos demais elementos naturais, atribuindo-lhe um *caráter*.

Em outros capítulos, Ruskin inventariou outros elementos da natureza, como as montanhas, os vegetais, os minerais, os animais, os homens. No entanto, para além das *verdades* desses elementos isolados, existiria outra verdade mais importante, à qual deu o nome de *composição natural*, que é um tipo de relacionamento que existe entre os elementos naturais, é sua lógica.

O *animismo* ruskiniano criou uma inusitada teoria da percepção que se baseia na apreensão de um *espírito* que surge no ato da visualização do objeto. Apreender sensorialmente um objeto seria sentir seu *espírito* ou sentir sua *moral*. Assim, o estético será o resultado de um procedimento que é ao mesmo tempo sensorial (fruto da visão) e intelectual (fruto da apreensão de uma *moral*). No entanto, o interesse de Ruskin não é a *moral* individual do elemento, mas a resultante de um relacionamento harmonioso entre os elementos, isto é, sua *composição natural*. A composição natural é a razão de sua lógica natural, é o momento em que essa lógica atinge sua unidade, seu equilíbrio.

Em Ruskin, ética, moral e caráter são noções que, em última instância, não se diferenciam umas das outras. Ao tratar do *caráter* de um objeto, ele estaria, na verdade, referindo-se a um juízo de valor, a uma *moral*. O *caráter* definiria parcamente a *essência* do espírito do objeto. Contudo, essa *essência* não define um bem ou um mal, um certo ou um errado, mas uma predileção para o bem ou para o mal, para o certo ou para o errado, uma predileção para uma situação de harmonia. Essa definição ocorrerá apenas após ter havido um tipo particular de relação entre as partes cujo resultado atinge esse estado de equilíbrio.

Esse é um dos motivos pelo qual Ruskin se apaixonou pelas pinturas de Turner.[1] Ele dizia que, ao pintar paisagens, Turner não reproduz o que vê, mas o que sente, e sente a existência de uma lógica natural. Assim, incorpora ao tema pintado lembranças de outras paisagens ou de outros momentos. Nunca define as linhas de contorno dos elementos constituintes, deixando-os inacabados para que penetrem uns nos outros (a técnica da aquarela), criando a sensação de que o todo é mais importante do que as partes (idem, 1860, p.19).

A noção de *um todo* é de fundamental importância para a teoria de Ruskin, pois, de acordo com sua concepção de *estética*, o que interessa é a apreensão do resultado da relação entre as partes, e não as partes em si. A *estética* ruskiniana dá valor apenas *ao todo*, é o resultado de uma ética, ou seja, de um tipo particular de relacionamento, o da *composição natural*.

Em contrapartida, Ruskin dizia que, qualquer que seja o objeto, ele sempre transmite algo de si para quem o vê. Além disso, o que transmite poderá ser captado sensorialmente pelo espectador sem que o objeto o anuncie verbalmente.

---

1 Joseph M. Turner, artista inglês do século XIX. Pintor de paisagens em aquarela e a óleo. Seus últimos trabalhos eram quase impressionistas. Dissolvia toda a paisagem em cores geralmente tiradas do pôr do sol.

[...] eu gostaria que o leitor entendesse o sentimento que brota da expressão do sofrimento, expressão da decadência, uma força vinda lá do fundo do coração. Essa força não é apenas intencional, mas fundamentalmente de caráter inconsciente. As marcas que o tempo impõe, por exemplo, nas ruínas de edifícios antigos, ou no olhar de um velho e cansado trabalhador, com os seus cabelos brancos, sua pele ressecada e queimada pelo sol, suas rugas, denotam, assim como a ruína do edifício, uma história não contada que salta à vista assim que contemplada. Como se fosse uma confissão inconsciente de fatos que contam uma história relatando uma vida de maus tratos, de jornadas intensas de trabalho, da ação do tempo, enfim, falam algo que não é dito verbalmente. É uma apreensão pitoresca. (idem, 1856c, p.7)

É em razão de fundar a composição sobre uma noção de forma retirada do horizonte da pintura que Ruskin sobrepôs uma apreensão estética pitoresca à dimensão verbal. A composição ruskiniana é uma composição *pitoresca*, em que as partes apenas estão a serviço da expressão da totalidade, captada pelo sentido da visão. Como exemplo dessa definição Ruskin citou o fenômeno do pôr do sol.

[...] momentos antes do sol se pôr, quando a luz se torna pura cor de rosa, quando se derrama no horizonte inundando as inúmeras nuvens de flocos de vapor, será esse o momento em que se podem sentir o infinito, o múltiplo e o intenso. O céu inteiro se transforma em um único, dissolvendo-se no mar, nas montanhas, nas árvores, transformando tudo em cor de fogo, tudo o que é preto fica dourado, as nuvens, as sombras se tornam cor de púrpura, associando-se a cores impossíveis de serem descritas ou sequer imaginadas. Tudo se torna um único em um instante de visão, é o momento em que o intenso azul do céu desaparece para em seu lugar surgir uma luz intensa que emoldura formas em formas como se fossem corpos transparentes densos de vapor até se perder em um filete dourado e desaparecer. (idem, 1848, p.161)

Para Ruskin, seria o artista, por meio de sua arte, o propagandista dessa *verdade natural*. Ela surgiria em decorrência de estados de contemplação, os quais se constituem em apreensões de sensações transmitidas por um objeto a um espectador. A *verdade* só poderá ser apreendida, segundo ele, a partir de uma *primeira impressão*, ou seja, no primeiro contato visual (idem, 1856c, p.28).

Para Ruskin, a noção de *primeira impressão* diz respeito a categorias de forças metafísicas de origem divina. Essa noção corresponde a uma espécie de captura do *espírito* da matéria ou de seu *caráter*. Esse *espírito* ou *caráter* é apreendido pelo sentido da visão do espectador no exato momento que ele vê o objeto pela primeira vez. Além disso, essa impressão é portadora de associações de assuntos diversos que brotam da memória do espectador assim que avista o objeto, uma espécie de *intuição*.[2]

Ruskin refere-se a Turner como exemplo desse tipo de apreensão, dizendo que a pintura desse artista é uma visão sonolenta em que os objetos parecem lembranças sem muita definição. "Turner pinta conforme o que sente" (Ruskin, *Las siete lamparas...* p.114), com um olhar cheio de memórias.

Essa maneira de tratar o processo da percepção e, portanto, de conceber sua função, evidencia, em sua origem, a existência de uma sensação privilegiada, ocasionada pela *primeira impressão*, a qual captaria apenas e tão somente a noção muito imprecisa de *um todo*. Sempre dúbia, a sensação está envolta em mistérios. Ela nunca afirma, apenas sugere.

---

2 Intuição, para Ruskin, é a capacidade de sentir a lógica natural.

36   CLAUDIO SILVEIRA AMARAL

Em suas ideias, Ruskin chamou-a de *sublime,* isto é, além de imprecisa, essa sensação seria grandiosa, estaria acima da compreensão humana, sua lógica não seria plenamente entendida. Para ele, *sublime* é a sensação que *salta* para fora da matéria ao ser confrontada visualmente pela primeira vez. Em outras palavras, *sublime* é a apreensão do *espírito* da matéria relacionada às lembranças da experiência de vida do espectador, que por sua vez se relacionam à lógica existente na natureza.

Definido por Ruskin como elemento interno à esfera da apreensão *estética,* como elemento respeitante ao espectador, o *sublime* nem por isso deixaria de comportar o *caráter* do objeto, isto é, a qualidade *ética* e *moral* do objeto. Para ele, a noção de *sublime* é irrelevante para a teoria da percepção clássica. Nesse sentido, ele se intitulou um anticlássico, contrário a toda teoria que apreendesse o objeto por meio de relações de proporção, como a noção de simetria em Vitrúvio.[3]

---

3 Simetria em Vitrúvio: "[...] as colunas nos templos areostilos devem ser executadas de tal modo que sua espessura equivalha à oitava parte da altura. Igualmente, no diastilo, a altura da coluna deve ser modulada em oito partes e meia, e sua espessura deverá ser de um desses módulos. No sistilo, divida-se a altura em nove partes e meia, e que uma delas seja dada como espessura às demais colunas, da mesma forma que, no picnostilo, a altura deverá ser dividida em dez partes e uma servirá como medida da espessura da coluna. As colunas do templo eustilo, do mesmo modo que as do sistilo, terão sua altura dividida em nove partes e meia, e uma delas será definida como a espessura do escapo do fuste. Assim, a relação entre os intercolúnios será obtida pela subdivisão das colunas, com efeito, à medida que aumentam os espaços entre as colunas, na mesma proporção deve aumentar a espessura dos escapos dos fustes. De fato, se no arestilo a espessura da coluna fosse a nona ou a décima parte de sua altura, esta pareceria delgada e esbelta, e isto porque o ara esgota-se pela largura dos intercolúnios e aparentemente diminui a espessura dos fustes. Do contrário, nos templos picnostilos, se a oitava parte da altura da coluna for tomada como espessura,

A contraposição ruskiniana ao clássico pode ser bem apreciada em *Pintores modernos*, sobretudo nas passagens em que discursa, à exaustão, sobre a pintura de Turner.

A pintura

Sempre que Ruskin se refere à composição, utiliza metáforas religiosas nas quais a composição relaciona-se à ética cristã. No entanto, para efeito de compreensão desse seu conceito será feito uso, inicialmente, de sua definição aplicada à pintura. Ruskin retirou sua noção de composição na pintura da noção de composição na natureza, que, por sua vez, foi transferida à noção de ética religiosa e depois transferida para a noção de composição arquitetônica, como se verá adiante. A lógica que viu na natureza migrou para a Pintura, depois para a religião e depois para a Arquitetura.

Composição, para Ruskin, é "a política de ajuda mútua" entre todos os elementos do tema do quadro em questão (idem, 1860, p.160). Ele dizia que existe uma *ética* nos elementos que compõem o quadro, resultado de um tipo de relacionamento que leva a um equilíbrio. Por equilíbrio entendeu o resultado dessa *política* da ajuda mútua. Exemplificou esse raciocínio com a pintura de Turner ao atribuir-lhe a falta de linhas de contorno aos elementos constituintes fazendo com que suas individualidades desaparecessem, privilegiando apenas a unidade do quadro.

---

em virtude da profusão delas e da exiguidade dos intercolúnios, apresentarão um aspecto empolado e deselegante. Desse modo, é necessário buscar as proporções de cada um dos tipos da obra. E mais, as colunas cantoneiras devem ser executadas mais espessas que as outras em um cinquenta avos de seu diâmetros, porque elas são circundadas pelo ar e dão aos que os veem a impressão de engenho" (Vitrúvio, 1999, p.97).

A *composição pictórica* migrou da lógica da *composição natural*. É a lógica da ajuda mútua na qual um elemento compensa aquilo que falta ao outro, e assim sucessivamente, até formar uma cadeia natural em estado de equilíbrio. De acordo com essa lógica, nenhum elemento da pintura é autônomo, por isso não possuem linha de contorno, isto é, todos dependem uns dos outros e se dissolvem uns nos outros. Para ele, a *natureza* é composta por uma cadeia expressa pela interdependência de suas partes, e assim também será para a composição pictórica.

A natureza, para Ruskin, é uma *pintura*. Se a natureza dá os parâmetros para a composição pictórica. Isso, em Ruskin, se chama *unidade natural*. Em termos metafóricos, seria o resultado da conexão dos desenhos de todos os elementos do quadro por meio de *ganchos*. Essa conexão seria harmoniosa caso houvesse a política da ajuda mútua. A harmonia ou equilíbrio é a mais importante noção ruskiniana decorrente da *dinâmica natural*, por isso Ruskin a transferiu para a religião dizendo que a *natureza* é obra de um *criador*, um *deus*.

Como se pode observar, a temática do divino e, por conseguinte, da religião, constitui um aspecto muito peculiar na teoria da forma de Ruskin e, como bem disse Clark, não passa de um assunto qualquer para que Ruskin demonstre sua lógica da natureza.

De volta à noção ruskiniana de *natureza*, é preciso dizer que esta se estrutura em virtude da existência de uma *ordem natural*, cuja expressão cria, entre outras coisas, sua dimensão *estética*. Essa *ordem* teria sido criada por esse ser metafísico superior que estabeleceu uma dinâmica natural para todos. Essa dinâmica seria o resultado de um tipo de relacionamento ao qual Ruskin chamou de *ética natural*, criando uma harmonia entre seus elementos com base na *política* da ajuda mútua.

A *estética* dessa *ética* é o resultado de um tipo de desenho que estrutura relações entre seus elementos constituintes, direcionando-os a estados de equilíbrio. Dessa maneira,

> [...] a árvore possui um desenho de caule que se trava com a ajuda da terra permitindo que suas raízes a perfurem para atingir a umidade da água da chuva e dos rios. Mas a árvore também apresenta uma grossura de caule diminuída à medida que cresce em altura o que lhe garante a flexibilidade frente aos ventos; as suas folhas são direcionadas para obter o calor do sol e a água da chuva. (ibidem, p.43)

Ruskin ilustrou uma lógica na qual os elementos dependem uns dos outros, e seus desenhos teriam as formas necessárias para que esse tipo de relação se desse. O valor *estético* dessa *lógica* está no resultado obtido pelo relacionamento dos elementos (equilíbrio = harmonia = razão). Assim, nenhum elemento isolado é *belo* ou *não belo*. O *belo* aparece apenas em decorrência da composição natural.

Na concepção do escritor inglês, o equilíbrio é o resultado de uma relação de troca, chamada por ele de *troca justa*: alguém tem algo que o outro não tem e precisa, esse outro tem algo que aquele não tem e precisa, portanto eles trocam e todos saem ganhando.

A relação *não bela* é aquela que não atinge o estado de equilíbrio, ou seja, um dos elementos prejudica o outro. O *belo*, portanto, resulta de uma relação de cooperação, e o *não belo*, de competição.

A lógica que Ruskin viu na natureza, a *composição natural*, migrou para a *forma pictórica*. Da *composição natural* participam todos os elementos da natureza (animais, objetos inanimados etc.). Todavia, em Ruskin os objetos são matéria que comporta um desenho. Porém, não se reduzem a isso, pois seriam dotados também de uma *essência espiritual*. A partir da noção de matéria em correlação com a noção de *espírito*, Ruskin elaborou a noção de *forma*, em que desenho e *moral*, isto é, o desenho de uma *moral*, são seus elementos constituintes.

Para o crítico de arte inglês, ver é sentir uma *moral*, o que equivale a dizer sentir uma *essência*, uma *verdade*. Ao relacionar *verdade* com estética, Ruskin dirá que nem toda *verdade* é bela, pois, como visto, o *belo* é fruto de uma relação na qual nem sempre o resultado é harmonioso. O *belo* aparece apenas quando a *verdade* de um elemento completa aquilo que o outro não tem e eles entram em estado de equilíbrio, ou seja, quando ocorre a *composição natural*.

> [...] o estado puro ou sagrado de alguma situação é aquele em que as partes que compõem a situação são em si precárias. Mesmo que sejam homogêneas. O mais alto grau de pureza é conquistado quando existe um grau de dependência entre as partes componentes do processo. A principal lei do universo – o significado da própria vida – é a lei da ajuda. Um outro significado para a morte é a separação. Administrar uma política de cooperação é a política da vida. Anarquia e competição são a política da morte. (ibidem, p.160)

Para passar da argumentação ética à estética, movimento que Ruskin realiza o tempo todo, transformou a expressão *relacionamento harmônico* na noção ruskiniana de *simetria*. Simetria é o resultado de uma relação em que a abundância de um compensa a falta do outro. A metáfora expressa uma balança que busca o equilíbrio entre elementos de pesos diferentes. Quando a balança se equilibra, surge a *simetria*. Assim, o belo será sempre resultado de uma relação simétrica.

Não existem regras, conforme Ruskin, para esse acontecimento (ibidem), pois o equilíbrio ocorre durante uma dinâmica. O movimento estabelece um tipo de equilíbrio

JOHN RUSKIN E O ENSINO DO DESENHO NO BRASIL   41

que acontece apenas uma vez, nunca mais se repetindo. Ruskin condenou qualquer tipo de repetição, chamando-a de cegueira ou anestesia, ou ainda, mecanização da percepção.

O equilíbrio dinâmico é a metáfora do caleidoscópio, isto é, um estado de equilíbrio resultado de peças compostas por desenhos sempre inéditos. Para Ruskin, o caráter inédito das manifestações de equilíbrio é a própria natureza da vida, ou seja, sua criatividade constante. Dessa forma, seu animismo (o qual se refere à ideia de que tudo tem vida) deriva de um movimento perpétuo de *geração* e *corrupção*. Em última instância, resulta da dinâmica de um *eterno nascimento* (ibidem, p.167).

Portanto, na perspectiva ruskiniana, para ser *bela*, para ter *simetria*, a composição precisa, antes de tudo, ser *criativa*. O que significa que o *belo* é sempre algo inédito e nunca se repete. A lógica da natureza, em Ruskin, não define padrões; o belo é sempre resultado de associações que nunca ocorreram antes.

Ruskin considerou a *natureza* imersa em um processo de composição criativa propensa ao equilíbrio. Entendeu a *natureza* como uma cadeia natural, em que todos os seus elementos fazem parte do processo compositivo. Assim, no âmbito geral, ou seja, no âmbito de uma escala universal, a *composição natural* será sempre harmônica e, portanto, *bela*. A cadeia natural ruskiniana resulta de uma relação de composição em que a *verdade* de um elemento entra em relação com a verdade de outro, resultando uma harmonia. No entanto, Ruskin alertou que o homem jamais poderá entender essa lógica, apenas senti-la, já que a *composição natural* é a apreensão do infinito, e o homem opera apenas com o finito.

[...] a composição verdadeira é inexplicável. Ninguém consegue explicar o equilíbrio das melodias de Mozart, ou o efeito das dobraduras de panos em uma pintura de

Ticiano. Se você não consegue senti-la, ninguém poderá, através de nenhuma fórmula racional, fazer você sentir. (ibidem, p.163)

É preciso dizer que na lógica ruskiniana as sensações são sentimentos confusos, porém fundamentais. É nesse sentido que Ruskin diz que sentimos o infinito, mas não o vemos, sentimos a existência de uma ordem (ibidem, p.156).

Em *Pintores modernos* ele aprofundou o conceito de *composição natural* fazendo um inventário dos elementos naturais – céu, montanha, mar, vegetais, animais, pedras, nuvens etc. Classificou-os de acordo com sua *essência*, isto é, suas características próprias. No entanto, seu propósito não era demonstrar as *essências* individuais, mas expor uma relação de harmonia entre eles. Assim, concluiu pela existência de uma *unidade natural*, a qual chamou de *composição natural*.

Ruskin acreditou na existência desse tipo de relacionamento, dizendo que o desenho do elemento natural se volta para a interconexão com outros elementos, o que pressupõe a existência de um desenho original composto por *linhas curvas não fechadas*. A lógica da *composição natural* faz com que os desenhos dessas curvas não fechadas se entrelacem metaforicamente por ganchos, buscando uma unidade, um equilíbrio, uma razão.

O crítico de arte inglês costumava misturar assuntos que aparentemente não combinam. Para Hersey (1982), Ruskin desenvolveu um raciocínio espacial. Ele trata de ética, de estética, depois associa a natureza com a religião, e disto relaciona estética com as problemáticas sociais de seu tempo. É justamente nessas associações, entre assuntos que não possuem relação direta entre si, que a metodologia ruskiniana encontra sua melhor definição, pois todos pertencem à mesma lógica de composição, viabilizando a migração de um assunto para outro.

Sua lógica e sua racionalidade operam com essa visão espacial. O método ruskiniano entrelaça tudo o que existe, procura dar-lhes uma sensação de ordem, de equilíbrio. No entanto, ao proceder assim, Ruskin muitas vezes confundiu seu leitor.

> [...] o método de raciocínio de Ruskin ficou cada vez mais difícil de ser digerido pelo seu público, pois, no afã de definir uma unidade em torno de todos os assuntos, pulava de assunto em assunto, e embora tratando de coisas simples, acabava estabelecendo enormes confusões. (Hewison, 1993, p.46)

No sentido comum, em Ruskin a *verdade* também se define pelo seu contrário, o *falso*. Assim, um objeto é falso quando sua matéria não corresponde à sua *essência*, uma definição difícil de entender.

Assim como o verdadeiro, o falso não corresponde a um valor moral positivo ou negativo. Um certo, para Ruskin, poderá ser falso, e um errado poderá ser verdadeiro. O certo falso ocorreu quando Ruskin se referiu a Vitrúvio na definição do certo para a Arquitetura como lógica das proporções. Esse certo, para Ruskin, é falso, porque, segundo ele, aprisiona o projetista a normas rígidas que se repetem, anulando sua criatividade, valor importante da natureza.

Quando Ruskin explicou, em "A natureza do gótico", o *fazer errado* dos operários da construção de Veneza, referiu-se a um tipo de fazer que foi considerado na época um desrespeito às regras da composição clássica. Contudo, esse desrespeito foi visto por ele como um ato de coragem e de criatividade e, portanto, *certo e verdadeiro*.[4]

---

4 Esse assunto será tratado adiante.

Para o crítico de arte inglês a composição é a construção de situações de equilíbrio. Já que o belo é uma relação simétrica, a composição é a própria construção da beleza. Isso ocorre, segundo Ruskin, durante estados de movimentos, o que resulta em equilíbrios frágeis que podem se romper a qualquer momento e se reorganizar novamente, resultando em uma outra unidade e em um outro desenho.

2
A ARQUITETURA

A criação, para Ruskin, relaciona-se a um *deus* criador da natureza imitado pelo homem. O homem, assim como o *divino*, é um *arquiteto*. Ao falar de criação em *Pintores modernos*, Ruskin se refere primeiro à Pintura e depois à Arquitetura, quando conclui ser esta a maior das artes. Em *As sete lâmpadas da Arquitetura* e em *As pedras de Veneza*, associou a lógica de sua concepção de *natureza* à Arquitetura.

Uma leitura mais cuidadosa das ideias arquitetônicas de Ruskin passa necessariamente pela abordagem de suas considerações sobre a forma pictórica. A forma arquitetônica, em Ruskin, deriva de suas ideias sobre a Pintura, na qual conceitos similares serviram tanto para esta quanto para a Arquitetura e também para a natureza.[1]

Ruskin não era arquiteto, no entanto, elegeu a Arquitetura para ser a maior das artes, pois entendeu que

---

1 Este assunto encontra-se nos cinco capítulos de *Pintores modernos*. Por sua vez, as ideias de Arquitetura de Ruskin encontram-se nos três volumes de *As pedras de Veneza*. Quanto aos conceitos utilizados nessa última obra, Ruskin os desenvolve em *As sete lâmpadas da Arquitetura*.

46 CLAUDIO SILVEIRA AMARAL

a escala da Arquitetura era mais abrangente do que a da Pintura.[2] Em *As Pedras de Veneza*, explicou por que a escala arquitetônica lhe interessava mais do que a pictórica.

> [...] apesar da existência da pintura de Turner, a única que conseguiu substituir a lógica da composição natural presente na arquitetura gótica (agora destruída), a escala de intervenção da pintura jamais atingirá a maioria dos homens trabalhadores. [...] Isto porque a arte geralmente é curiosidade apenas das pessoas mais jovens. [...] No entanto, a arquitetura, por participar do espaço da vida cotidiana de todas as pessoas, consegue sensibilizá-las. (Ruskin, 1925, p.192)

Ao eleger a Arquitetura a maior das artes, considerou todo o espaço da cidade (para ele, o espaço urbano pertence à arquitetônica).

> [...] hoje nós somos forçados a viver [...] em cidades. Embora esta condição seja benéfica, pois a cidade propicia um acúmulo de conhecimentos e de oportunidades, ela também significa o nosso afastamento da natureza. Hoje não podemos ter o nosso jardim, não temos mais os campos para contemplar e meditar [...]. Por isso, a função da arquitetura é a de restituir a lógica das leis da natureza para os espaços da cidade [...]. Desta forma, estaremos de novo em contato com os ensinamentos da natureza. (idem, 1925, p.351)

Ruskin elaborou várias hipóteses para fundamentar uma história da Arquitetura, como, por exemplo, a benéfica mistura de culturas influenciando as alterações do léxico

---

2 "[...] digo arquitetura e todas as artes, porque, segundo o meu pensamento, a arquitetura é a mãe das artes." (Ruskin, [s.d.], p.265).

arquitetônico clássico, ou a rebeldia da igreja veneziana em relação à igreja romana, não se contentando com as normas de composição impostas pelo Vaticano. Mas foi somente em *As sete lâmpadas da Arquitetura* que explicitou os conceitos aos quais chamou de *leis da Arquitetura*.

As leis da Arquitetura

O sacrifício

A primeira *lei arquitetônica* é o sacrifício.

O sacrifício é, antes de tudo, uma exigência. Antes de ser artista ou arquiteto, ou antes de exercer qualquer profissão, Ruskin pede às pessoas seu sacerdócio à causa da lógica da *natureza*.

O sacrifício, para Ruskin, é um pedido de fé. Ideologia e fé, para ele, são a mesma coisa. Assim, sacrificar-se é entregar-se voluntariamente ao sacerdócio das leis naturais, que são as leis da religião. "Não é a igreja que queremos, é apenas o sacrifício, não é a emoção da admiração, mas o ato da adoração, não é o dom que queremos, mas a ação de se dar" (idem, 1925, p.30).

A função da arte e da Arquitetura é, para ele, criar condições formais que deem visibilidade para a lógica *natural*.

> A arte deve apenas copiar a natureza? [...] não, o trabalho do artista será o de explicar a lógica da natureza, [...] através de sua sensibilidade e imaginação o artista deve utilizar a sua expressão artística para transmitir a lógica natural aos que não conseguem enxergá-la, [...] o artista é um instrumento do trabalho do criador. (idem, 1925, p.349)

O artista é um profeta.

As verdades da Arquitetura

Outra lei da arquitetura ruskiniana é a *verdade arquitetônica*, que se divide em duas: a *verdade das estruturas* e a *verdade dos materiais*.

A verdade das estruturas

Para ilustrar essa *verdade* far-se-á uma comparação entre a *composição natural* e a *composição arquitetônica*.

1) Conforme já visto, Ruskin entende a *composição natural* como um tipo de relação entre partes que criam *um todo*. Esse mesmo raciocínio servirá para definir a composição arquitetônica. Nesse sentido, as partes que Ruskin considera em uma obra arquitetônica são seus elementos estruturais.

2) A *composição natural* também procura criar entre seus elementos uma condição de equilíbrio. Assim também ocorrerá na arquitetônica. O equilíbrio da composição arquitetônica é dado pela distribuição de seus elementos estruturais. O edifício conquista seu estado de equilíbrio quando, sustentado por seus elementos estruturais, fica de pé, suportando seu peso próprio, assim como o da natureza e das funções para as qual foi concebido.

A composição arquitetônica clássica utilizou a lógica das proporções para obter seu estado de equilíbrio, mas em Ruskin, o equilíbrio ocorrerá após os elementos estruturais se desenharem respondendo às solicitações das forças que incidem sobre a edificação. O desenho das colunas do palácio Ducal, em Veneza, é um exemplo dessa lógica, pois pode-se entender visualmente como as forças se distribuem entre os arcos e as colunas para manter o edifício em pé.

Assim, o desenho estrutural é, para Ruskin, motivo de exposição visual, e cada edifício tem um desenho próprio. Em vista disso, a exposição visual é o entendimento da resolução das forças que incidem sobre o edifício, ou seja, seu desenho estrutural. A *estética arquitetônica seria* essa *verdade*.[3]

A noção de equilíbrio se confunde aqui com a noção de apreensão *sublime* vista anteriormente. Equilíbrio e sublimidade seriam equivalentes no âmbito da Arquitetura. Assim, a noção de *um todo* representado pela conquista do equilíbrio (o edifício está de pé, e entende-se visualmente como isso ocorre) é o elemento mais importante da teoria da Arquitetura ruskiniana.

O desenho dos elementos da estrutura do edifício se volta para a obtenção de um equilíbrio dinâmico, criando a sensação de *um todo* em estado de harmonia. O *sublime* seria o resultado dessa sensação proporcionada pela visibilidade da segurança visual dada pelo desenho das distribuições das forças.

Do mesmo modo que a noção de *simetria* ruskiniana já vista, o desenho do equilíbrio arquitetônico será o resultado da luta entre forças em estado de tensão, como se os elementos estruturais estivessem se movimentando até chegar ao equilíbrio. A sensação é a de um sistema de fibras orgânicas em movimento no qual as partes se contorcem, como em uma planta, mais especificamente uma trepadeira. A simetria é conquistada quando essas forças se *congelam* e o edifício fica em pé.

A *verdade das estruturas* corresponde à criação de um desenho que se apresenta de forma didática ao olhar, transmitindo a sensação de segurança (o prédio não irá desabar, e eu entendo isso visualmente). Dessa definição surge outra mais importante: a *estética arquitetônica*

---

3 Cada elemento constituinte do edifício deve ser a expressão de um desenho compatível com a resistência de seu material. Todos os desenhos formam um todo em estado de equilíbrio. Cada elemento isolado não possui equilíbrio, apenas a composição final se equilibra.

ruskiniana. "O edifício mais nobre será aquele no qual uma olhada inteligente descobre os grandes segredos de sua infraestrutura [...]" (Ruskin, 1925, p.52).

A estética arquitetônica ruskiana

Em decorrência da *verdade das estruturas*, surge a necessidade de melhor delimitar a noção de *estética arquitetônica*. A *estética arquitetônica* ruskiniana é a visibilidade dada pelo desenho dos elementos estruturais, que transmitem segurança, ou seja, o desenho da técnica estrutural do edifício. A *estética arquitetônica* é a verdade de suas estruturas.

Da definição de *estética arquitetônica* Ruskin extraiu a noção de *ornamento*. Para ele, o *ornamento* só é possível em decorrência do desenho das estruturas. O *ornamento* deve aparecer, portanto, *sobre* esse desenho a fim de valorizá-lo. O melhor exemplo dessa definição é a ilustração dos desenhos feitos nos arcos e pilares do palácio Ducal.

Apesar de Ruskin atribuir ao ornamento um papel que depende do desenho da solução das estruturas do edifício, ele lhe assegurou o importante papel de registro da história e das *características emocionais* do local, assim como também da subjetividade do operário construtor, valorizando a cultura regional e o gosto pessoal.

> [...] a nobreza de cada edifício depende de sua perfeita adequação a seu programa, e esse programa varia conforme a situação climática, as condições do solo, e as características nacionais da região. Não existiram dois edifícios entre os quais não houvesse diferenças ocasionais relativas às condições do local em que foram erguidos. (idem, 1925, p.200).

Assim, ao considerar as questões regionais, o *ornamento* respeitará a particularidade de quem o construiu.

Em última instância, ele representa a subjetividade do trabalhador construtor.

> [...] a permissão para que a expressão do trabalho humano tenha lugar graças ao recurso do ornamento é condição para que a obra contenha elementos de uma cena histórica ou um dado de uma memória local, por exemplo. (ibidem, p.218)

Esse papel do *ornamento* é de extrema importância para a teoria arquitetônica ruskiniana, pois reafirma sua postura anticlássica. Isto é, contrária à visão clássica, que prega a noção de universalidade aos fenômenos naturais, anulando o gosto pessoal do operário e banindo a manifestação da cultura local, a visão ruskiniana é fundamentalmente regionalista. Para justificar essa predileção regionalista, ele lançou mão de uma narrativa histórica[4] para o ornamento, dividindo-a em períodos. Essa história possui um momento principal com o surgimento do cristianismo. Para Ruskin, ao negar o trabalho escravo, o cristianismo permitiu o surgimento de manifestações da cultura local, o que garantiu também a expressão da subjetividade do trabalhador.

Existiram três momentos para a história do ornamento arquitetônico. O primeiro foi chamado de servil. O trabalho feito era submisso a uma autoridade. O segundo momento foi chamado de constitucional. Aceitava-se a

---

4 Nos anos 1960, houve uma exposição na Council Art Galery denomiada de "Ruskin and his Circle". Foram apresentados alguns documentos colecionados por Ruskin como fonte para suas ideias. No que diz respeito à Idade Média e ao Renascimento, Ruskin possuiu o *Book of Hours* (francês, século XII); o *Psalterium Davidis and Horae* (francês, século XIII); o *Book of Hours*, de Yolande de Navarre (fragmento, duas folhas, francês, século XIII); o *Greek Gospel Lectionary* (séculos XI e XII); o *Books of Hour – De croy Hours* (francês, século XIV); o *Gratian, decretas* (italiano, século XIV); Cópias feitas por Ruskin de detalhes tiradas do *Book of Kells*.

ignorância do trabalhador, no entanto era-lhe atribuído um tipo de trabalho mecânico. O terceiro momento foi chamado de revolucionário. A liberdade do trabalhador foi aqui admitida. [...] O ornamento servil ocorreu na Grécia quando o mestre detinha todo o conhecimento. [...] O trabalho do ornamento é padronizado com o recurso de instrumentos como a régua e o compasso, restringindo a possibilidade de erros. [...] O ornamento constitucional ocorreu no Egito. [...] Os seus desenhos eram simples e apreendidos através do treino do trabalhador. [...] Já o ornamento revolucionário ocorreu com o advento do cristianismo, com a abolição do trabalho escravo. [...] O cristianismo reconheceu o valor individual das almas permitindo, assim, a sua livre manifestação. O trabalho é considerado, imperfeito desde o início, pois o cristão é um ser imperfeito perante deus. Neste método de trabalho as formas ornamentais são múltiplas, uma vez que a liberdade de criação impede as repetições [...]. (ibidem, p.156)

Junto ao aspecto anticlássico apareceu outra questão: o *fazer errado* oposto ao *fazer certo*. Ruskin entendeu que o *fazer certo* é o fazer que imita um já feito, uma cópia. Já o *fazer errado* é o fazer espontâneo, o fazer envolto na subjetividade do trabalhador, o fazer criativo.

O *errado*, para Ruskin, é a força da vida com sua vontade ingênua que não respeita regras.

A crítica ao clássico apareceu em sua antipatia ao período da Arquitetura do Renascimento, que qualificou de *decadente*. Segundo ele, após um período de extrema criatividade (o pós-império romano), a Arquitetura atingiu seu limite. Ruskin criticou a separação do trabalho em intelectual e operacional, dada pela divisão do trabalho do arquiteto. Entendeu que a Arquitetura renascentista, por se inspirar em Vitrúvio, tornou-se um fazer mecânico para o operário construtor. O pensar ficou nas mãos do arquiteto.

A noção ruskiniana do *belo* arquitetônico, diferente da noção do belo renascentista (que esconde a estrutura da edificação e se fixa nos ornamentos, segundo Ruskin), é justamente o contrário, ou seja, é o desenho da estrutura, e não dos ornamentos, quem define o belo.[5]

Se no Renascimento o ornamento era a própria estética, para Ruskin o ornamento surge após o desenho das soluções estruturais, que chamou de estética. Para o escritor inglês, a criatividade arquitetônica se perdeu no Renascimento, pois as novas relações no trabalho restringiram a criação operária.[6]

> Contra o gótico, a primeira imposição feita pelo exército renascentista foi buscar uma noção de perfeição universal. [...] O trabalho arquitetônico se submeteu a um tipo de fazer submisso a esta noção. Disto criou-se um conhecimento que disciplinou o ato do projeto arquitetônico.

---

5 "Chamei-o de Renascimento Romano por se inspirar no princípio da superposição e no estilo dos ornamentos derivados da arquitetura clássica romana. [...] O exemplo da basílica de São Pedro é ilustrativo. Ela não possui vínculos com a arquitetura grega nem com a bizantina, mas faz uso do arco redondo, dos vãos e cúpulas. [...] Considero esta obra como o rompimento dos vínculos herdados da arquitetura medieval. Em uma rápida análise sobre a sua forma, pode-se notar que a principal preocupação foi a de construir a noção de horizontalidade. [...] Embora tradicionalmente a função estrutural do arco seja a de absorver forças verticais, aqui ele atua de maneira decorativa. Por exemplo, aqui os arcos não correspondem à distribuição das forças verticais, apenas referendam o caráter horizontal da construção. O absurdo de um arco submetido a enormes pressões ser dividido em dois, onde o arco de maior solicitação de forças verticais não possui nenhuma força para absorver. Ou seja, a distribuição de forças da resistência dos materiais é feita inadequadamente, o desenho dos elementos não representam a real solicitação da distribuição das forças do edifício. A esta situação eu classifico como moralmente corrupta. O predicado moral na qual caracterizo o Renascimento é o da Infidelidade" (Ruskin, 1925, p.35).

6 Explicado pela história da Arquitetura de Ruskin a ser vista adiante.

Esse conhecimento determinava o que era certo e o que era errado. A arquitetura se transformou em uma disciplina. O fazer artístico agora se submetia à censura. Assim, o ato da livre improvisação e livre criação, atitude própria do gótico, foi banido doravante do fazer artístico, sufocando qualquer tipo de inovação para a arte. No mundo da perfeição o imprevisto não existe. [...] Esse tipo de arte destruiu a lógica da composição da arquitetura gótica, anulando a liberdade de criação do arquiteto associado aos operários da obra, submetendo-os a uma rígida disciplina [...]. (ibidem, p.12)

A verdade dos materiais

A *verdade dos materiais* deriva, assim como a *verdade da estrutura*, da *verdade da forma natural*. Assim, os materiais utilizados na arquitetura deverão expressar sua *verdade*, isto é, sua *essência,* seu *caráter* (de característica).

Para tratar desta *verdade,* Ruskin expôs primeiro o que entende por falso.

> [...] geralmente se pode definir como sendo uma ousadia imaginar uma forma ou um material qualquer que não existe. Por exemplo, uma pintura sobre a madeira tentando simular as veias de um mármore, ou um desenho decorativo em uma parede querendo aparentar um alto relevo. O mal está na vontade de enganar, pois fica difícil saber até onde vai a mentira. (idem, 1925, p.67)

Todo material possui um processo de envelhecimento próprio de sua constituição, e isso seria *sublime.* Ruskin chegou a dizer que o envelhecimento traz certa dignidade ao material, pois acresce sinais do tempo, denunciando assim memórias de fatos históricos da cultura local.

Assim, enalteceu o musgo que nasce sobre as pedras, o escurecimento de uma pintura na parede, os galhos de uma planta parasita que nasce entre as rachaduras de uma parede. Estes seriam sinais de sublimidade, que chamou de *sublime parasitário*.[7]

Em *As sete lâmpadas da Arquitetura*, Ruskin condenou todo tipo de requalificação espacial, entendendo ser a falsificação da história. Para ele, o envelhecimento do espaço é um princípio de *verdade*, e ao referir-se à *verdade dos materiais*, considerou *natural* a degeneração da matéria. Dessa forma, seria inadmissível para Ruskin um material imitar outro, como, por exemplo, a pintura sobre a madeira imitando os veios do mármore, pois, além de falso, seria a deturpação da história e do tempo.

Ao contrário do que lhe foi atribuído pelos críticos da Arquitetura, Ruskin não foi contra o restauro dos edifícios. Foi contra, sim, à substituição de materiais velhos por novos, ou à adulteração do desenho original por um desenho outro. Propôs trocar o material estragado por similares em idade e aparência, para manter a ação do tempo.

Ruskin se empenhou, junto com o Conde Zorvi, no restauro da igreja de São Marcos em 1870. Realizaram um trabalho que não alterou as características originais da obra, substituindo os materiais estragados por novos envelhecidos artificialmente, e não mexeram no desenho original da nave (Quill, 2000, p.193).

A história da Arquitetura ruskiana

A história da Arquitetura ruskiniana associa-se à noção de *estética arquitetônica*. Ruskin dividiu o edifício em quatro partes: a base, representada pela fundação; o

---

7 Sublime porque é uma sensação que nasce a partir da noção de um todo, parasitário porque é algo que surge com o tempo, algo novo que se acresce sobre algo já constituído. Para Ruskin, o edifício possui vida. Ele nasce, respira, envelhece e um dia morre.

véu, representado pela vedação e as aberturas; a cornija; e a cobertura.

Para contar sua história, *vestiu* esses elementos de uma gramática constituída por desenhos específicos para cada elemento estrutural em cada período histórico.

O início da história da Arquitetura europeia estaria, na visão ruskiniana, no greco-romano. Definiu o período mais criativo da história como sendo aquele compreendido entre o fim do Império Romano e o início do Renascimento, e passou a não se preocupar com as divisões estilísticas dentro desse período, como a lombardo, a românica, a bizantina, a mourisca, que passaram a ser chamadas simplesmente de *Arquitetura cristã*.

A Arquitetura cristã, segundo o crítico inglês, rompeu com o léxico da Arquitetura clássica, dando início a um processo de alterações para os desenhos de seus elementos, o que desestruturou a lógica da composição clássica.

Essas alterações começaram a ocorrer quando a Arquitetura cristã investiu contra o desenho das ordens clássicas. Passou-se a misturar ordens aleatoriamente. A dórica foi vista junto à jônica em uma mesma fachada, ou seja, colunas de ordens diferentes se misturaram. Surgiram capitéis com desenhos inéditos cujas dimensões respeitavam apenas as solicitações das forças que incidiam sobre as colunas. Às vezes, encontravam-se várias colunas sob um mesmo capitel...

> [...] o agrupamento de colunas começa mesmo é com a arquitetura cristã, quando dois ou mais pilares se agrupam para absorver pesos verticais. [...] o agrupamento se dá conforme a necessidade de solicitação de forças verticais. Assim, pode-se ter os mais diversos tipos de agrupamentos, como por exemplo, duas, três, quatro colunas funcionando conforme a solicitação de forças naquele local do edifício. (Ruskin, 1925, p.99)

O capitel passou a sofrer a intervenção da criatividade dos operários construtores. O dórico, o jônico e o coríntio foram substituídos por desenhos nunca vistos antes. Em uma única fachada era possível encontrar vários tipos de desenhos de capitel.

> [...] o desenho e a dimensão do capitel dependerá da quantidade de forças que terá que absorver e distribuir. A questão estrutural será o parâmetro primordial para a definição dos tamanhos e desenhos da partes do capitel. [...] Portanto, o desenho e a dimensão do capitel dependem também do desenho e espessura da coluna. Desta forma, o ábaco deve ser desenhado antes da decoração, ou seja, antes do desenho que será sobreposto ao desenho estrutural. [...] Neste sentido, para além do desenho padrão existente nas cinco ordens clássicas, haveria uma infinidade de dimensões e de decorações para os capitéis da arquitetura cristã. (ibidem, p.115)

Alterou-se também o desenho da disposição das plantas nos edifícios. Por exemplo, um novo tipo de disposição em forma de cruz na Arquitetura bizantina modificou o tradicional desenho retangular para os espaços sagrados. Alterou-se também, o desenho e o tamanho dos arcos, que se adequaram exclusivamente às necessidades das solicitações de forças estruturais do edifício. "[...] o valor do arco está em sua capacidade de suprir dimensões de aberturas com o uso de pedras pequenas ao invés de grandes" (ibidem, p.125).

> [...] o arco com desenho em semicírculo é o romano e o bizantino. O desenho pontiagudo é o arco gótico. O desenho em forma de ferradura é o arco árabe e mourisco. Incluindo aí o gótico francês e o inglês recente. A variedade de desenhos de curvas ogivais é infinita, [...] e eles se alte-

ram conforme as solicitações impostas pela estrutura das alvenarias. (ibidem, p.131)

O arco foi considerado o elemento estrutural mais importante da *estética arquitetônica ruskiniana*. Foram as variações de seus desenhos que permitiram ao escritor inglês classificar os estilos históricos da Arquitetura.

> [...] todos admitem a existência de arcos redondos incrustados de mármores, mas apenas seis edificações com estas características são de fato fiéis ao que chamo de gótico bizantino, são estas, a Fondaco de Turchi, a Casa Loredan, a Casa Farsetti, a Casa Rio Foscari, a Casa com Terraço e a Casa Mandonneta. Nestas edificações, os arcos são desenhados conforme a disposição de arcadas que ocupam sua fachada inteira. A arcada é dividida em centro e asas. O arco do centro possui colunas de maior altura do que as das asas. Conforme a solicitação estrutural destas edificações, as arcadas do piso superior são constituídas de pilares em menor número e altura do que os da arcada do nível térreo. (ibidem, p.120)

Outra característica da *Arquitetura cristã* foi a diversificação dos motivos ornamentais. A Arquitetura bizantina introduziu o tema da cruz, além de variações de folhagens nos capitéis; a Arquitetura árabe, os desenhos abstratos; o gótico, as histórias religiosas nos vitrais.

Na perspectiva ruskiniana, como visto, o ornamento ocorre sobre o desenho estrutural do edifício e sua função é dar visibilidade a essa solução estrutural. Além disso, ela expressa o gosto pessoal do operário construtor.

> [...] o ornamento é a expressão de satisfação frente ao trabalho de deus. A sua função é fazer você feliz. No entanto, o que é ser feliz? Ser feliz não é a satisfação egoísta

narcísea sentida pelo homem frente a seu trabalho. Ser feliz é saber apreciar o trabalho divino. [...] o ornamento é um instrumento para trazer essa felicidade, por isso deve ser a expressão do trabalho de deus. (ibidem, p.22)

A história ruskiniana pretendeu valorizar o período compreendido entre o fim do Império Romano e o início do Renascimento. A *Arquitetura cristã* subsidiou sua teoria estética da Arquitetura, que por sua vez deu conteúdo à sua história da Arquitetura. O objetivo desta, em última instância, foi chegar à Arquitetura gótica. Assim, o gótico seria o resultado de todas as modificações ocorridas anteriormente (lombardo, bizantino, românico).

[...] a influência da arquitetura árabe continuou deixando profundas marcas na arquitetura europeia. [...] a história da arquitetura gótica é a história do refinamento e a espiritualização destas influências, principalmente as vindas dos países do Norte da Europa. Os edifícios mais nobres do mundo são os de influência lombarda. A arquitetura gótica foi o resultado de uma mistura de influências. Quando a fase lombarda foi introduzida na Itália, ela misturou-se às influências da arquitetura árabe. (ibidem, p.19)

Para Ruskin, a mistura de conhecimentos diferentes trazidos pelos operários construtores das culturas bárbaras resultou na Arquitetura gótica, sendo a de Veneza a mais criativa.

[...] durante o século IX, X e XI, a arquitetura de Veneza possuía semelhanças com a arquitetura do Cairo. Uma arquitetura de paredes transparentes composta por arabescos. Os operários da construção civil em Veneza, nessa época, eram de origem bizantina em sua maioria. No entanto, os mestres destas construções eram árabes, o que expressou uma mistura de culturas no resultado final da obra. (ibidem, p.21)

Em nenhum momento o escritor inglês considerou o gótico um estilo. Isso porque sua característica principal era *não ter características*.

> [...] falar sobre a natureza da arquitetura gótica, não apenas de Veneza mas do gótico em geral, [...] esbarra em algumas dificuldades porque o gótico não é constituído de regras de composição. Cada edifício difere um do outro [...], além disso, muitos edifícios possuem elementos que vistos isoladamente, [...] seriam características de outros estilos arquitetônicos. O que podemos fazer para caracterizar um edifício como gótico ou não gótico é apenas analisar o seu grau de *goticidade*. (ibidem, p.151)

Ruskin valorizou o trabalho empírico no qual a unidade (razão) obtida não se prendia a regras de composição, mas à livre iniciativa dos operários construtores no local e no tempo da execução da obra.

> [...] no gótico, cada edifício possui a sua própria persona-lidade, definida pelo jeito como ele constrói a sua unidade (o seu equilíbrio). O gótico não representa uma gramática arquitetônica fixa, pois uma de suas características é a constante alteração do desenho de seus elementos estru-turais. (ibidem)

O interesse pelo gótico viria da visibilidade propor-cionada por seus elementos estruturais que parecem lutar para obter um estado de equilíbrio, ou seja, é a própria definição de *estética* arquitetônica ruskiniana.

O equilíbrio ruskiniano na Arquitetura é o mesmo que se viu na *natureza*, ou seja, é a lógica da *composição natural*. A composição gótica seria, pois, a composição de desenhos de estruturas que expressam as forças tenciona-das de cada elemento até atingir um equilíbrio instável.

> [...] um princípio fundamental que o desenho dos elemen-tos constituintes de um edifício tem de apresentar é o de transmitir a sensação de segurança estrutural. A segurança visual é a visão do equilíbrio estrutural do edifício. Foi dito que a base de uma parede é o seu pé. Do mesmo jeito, a base de um píer também o é. [...] o pé possui duas funções, a de levantar o objeto e a de segurar este objeto para que ele não caia. [...] observe a estrutura de uma coluna, nós exigimos que a sua base aparente ser firme o suficiente para sustentá-la. Se isto não ocorrer então tentaremos enterrar a coluna no solo para que nos mostre estar segura. [...] o que interessa é dar visibilidade aos elementos construtivos para que demonstrem estar fazendo parte de um todo em estado de equilíbrio, devem transmitir segurança ao olhar do espectador. (ibidem, p.79)

O objetivo da *estética* arquitetônica ruskiniana seria dar visibilidade aos desenhos dos elementos do edifício – base, véu, cornija e cobertura. O propósito dessa visibilidade seria a transmissão da sensação de segurança de um estado de equilíbrio. Dessa forma, nenhum elemento estrutural do edifício é visto de forma isolada, pois nenhum possui autonomia frente ao outro. O *um* só funciona se o *outro* o ajudar; esta é a lógica da composição natural ruskiniana, que funciona como uma *política* da ajuda mútua já vista.

> [...] a imperfeição é essencial para que haja vida. Na ver-dade, ela é um sinal de vida. Nenhum vivente pode ser perfeito, entre suas partes, existe sempre uma que está morrendo e outra que está nascendo. [...] tudo o que vive é constituído de irregularidades e deficiências. Estas não são

apenas sinais de vida, mas também de beleza. Não existe, por exemplo, um rosto em que um dos lados seja igual ao outro, ou uma folha onde um dos lados seja similar ao outro. Todos os elementos da natureza são compostos por irregularidades e deficiências. [...] estas deficiências permitem que o objeto esteja sempre em estado de movimento, isto é, sempre mudando. Toda irregularidade precisa de alterações, pois, para compensar as suas imperfeições, ela precisa procurar um outro objeto que o equilibre, que o complete. É isto o que lhe atribui o caráter de vitalidade. (ibidem, p.170)

Ao tratar da *natureza do gótico*, Ruskin a dividiu em seis momentos, a saber: a *selvageria*, a *mudança*, o *naturalismo*, o *grotesco*, a *redundância* e a *rigidez*.

O aspecto bárbaro, *selvagem*, atribuído ao gótico é sua característica mais importante, pois é ela quem permitiu romper com o léxico do clássico.

[...] eu não tenho certeza quando foi que o termo gótico foi utilizado pela primeira vez para expressar a arquitetura do norte. No entanto, eu tenho certeza que o seu significado referia-se a valores de reprovação. Expressava o caráter bárbaro das noções do norte. Alguns de nós, querendo fazer justiça ao termo gótico, preferiria retirar esse estigma negativo no qual se firmou o gótico. Entretanto, esse negativo é, para nós, positivo. Existe uma profunda verdade na selvageria e rudeza do gótico. Na verdade, seriam estas características que enobrecem o gótico. (ibidem, p.153)

A *rudeza* do gótico é o trabalho livre e criativo que prega a não hierarquia para conceber e executar os desenhos do edifício. Ruskin fez uma associação entre a lógica dessa lei e a divisão do trabalho fabril de seu tempo, qualificando-o de mecânico e nada criativo.

JOHN RUSKIN E O ENSINO DO DESENHO NO BRASIL **63**

[...] nós discordamos da denominação de perfeição atribuída ao sistema de divisão de trabalho da civilização moderna. Na verdade não é o trabalho que foi dividido, mas sim o homem. O homem foi transformado em fragmentos de homem. [...] poderiam me perguntar, como uma produção em larga escala pode ocorrer sem o sistema de divisão do trabalho? Eu proponho três princípios para que o trabalho humano seja um trabalho digno: 1) Toda produção tem de ser criativa. A invenção dever ter um lugar no processo. 2) Nunca definir o produto final antes de começar o processo de produção. Deverá existir a possibilidade de mudanças durante o processo produtivo. 3) Nunca encoraje a imitação para o desenho do produto. (ibidem, p.164)

Ao tratar de *mudanças*, estas, na verdade, se referem às constantes alterações que possam ocorrer durante o processo de produção de uma obra gótica. Os operários, na medida em que são livres para opinar, mudam de opinião durante o processo produtivo, alterando os desenhos originais.

[...] a possibilidade do operário emitir opiniões durante o processo de produção faz com que o edifício concluído seja sempre um trabalho inédito. [...] o universo arquitetônico, assim pensado, torna-se rico em variações. [...] a mudança e a variedade são uma necessidade para a alma e o coração humano, assim como o são para os edifícios e os livros. Não sentimos prazer em edifícios com ornamentos padronizados ou com pilares que respeitam a monotonia das regras de proporção. Do mesmo modo não sentimos prazer em nuvens que formam apenas um tipo de desenho, ou em árvores que tenham o mesmo tamanho. (ibidem, p.170)

[...] o arco pontiagudo do gótico não é simplesmente uma variação do arco redondo romano, é sim um espaço para variações. Este tipo de arco permite infinitas possibilidades de desenhos, diferente do redondo preso a apenas um. O agrupamento de colunas também não é uma simples variação da ordem grega, mas a possibilidade para infinitas variações de agrupamentos. O arabesco também não é simplesmente uma mudança para o tratamento das aberturas, ele é a possibilidade para infinitas variações de desenhos de aberturas. Enquanto a arquitetura cristã cultivava o espírito da variação, a gótica levava-a às sua últimas consequências. (ibidem, p.173)

As variações associadas às *mudanças* fizeram com que Ruskin classificasse o gótico da Arquitetura mais racional da história.

[...] o gótico não é apenas o melhor, ele é a expressão arquitetônica mais racional que já existiu. [...] ela admite e absorve qualquer tipo de alteração. A sua cobertura é indefinida, assim como a altura de suas colunas, o desenho de seus arcos ou a disposição de sua planta. O edifício gótico pode encolher, se esticar, se elevar, se transformar de acordo com a necessidade daquele momento. Sem o menor pudor em desestruturar sistemas de proporção, o gótico se modifica sem perder a sua unidade e majestade. Ele é flexível como uma serpente. Essa característica é uma virtude para os operários de um edifício gótico, pois, se houver a necessidade de ampliar a dimensão de uma janela, ou acrescentar outra, ou ampliar ou diminuir um cômodo, isso não compromete o gótico, ao contrário, o enobrece. (ibidem, p.176)

O *naturalismo*, segundo Ruskin, é a lógica da *composição natural*.

[...] o terceiro elemento da natureza do gótico é o naturalismo. O naturalismo é o amor pelos objetos naturais e o desejo de representá-los de forma honesta através das leis da arte. (ibidem, p.179)

O crítico de arte inglês não confundiu sua noção de *naturalismo* com a imitação literal do desenho da natureza. Como visto em sua *forma natural*, o interesse pela natureza está na captura de sua lógica.

[...] eu alertei para o estranhamento causado pelas visões que identificam o gótico como derivado das formas vegetais. É uma suposição que nunca pode ser feita. No entanto, embora seja uma teoria falha, é um testemunho de que existe algo de natural no gótico. [...] o gótico não deriva das formas vegetais, mas sim de sua lógica. [...] nunca o desenho de um arco poderá ser considerado a imitação do desenho de um galho curvo, no entanto, a mesma lógica que desenhou o galho desenhou o arco gótico. (ibidem, p.199)

O *grotesco* é quem expõe o trabalho criativo feito com liberdade. Relaciona-se ao *fazer errado* visto anteriormente e também se refere à noção de tempo. Por exemplo, no *sublime parasitário* ruskiniano, algo não previsto, trazido pelo tempo, surge de repente (uma planta parasitária na rachadura de uma parede). Isso é grotesco.

A *rigidez* é um termo estranho para tratar de uma estrutura que parece se mexer todo o tempo. No entanto, o gótico simplesmente não corresponde a nenhum tipo de mecanismo que aparente estabilidade. Ao contrário, é a explicitação constante de forças em movimento. Para Ruskin, o que se visualiza no gótico é a energia de suas forças para atingir um estado provisório de estabilidade. É como se víssemos um processo nervoso no qual qualquer movimento cria uma nova condição de estabilidade precária.

[...] os edifícios gregos e egípcios possuem um sistema de sustentação estrutural estático. [...] acumulam-se pedras, umas sobre as outras. No gótico isso não ocorre. [...] as transparências das aberturas, os arabescos funcionam como se fossem fibras elásticas que, tencionadas, transmitem energias que passam de elemento a elemento de forma nervosa. [...] o ornamento grego e egípcio também funciona de maneira estática, [...] já o ornamento gótico surge repleto de vida, às vezes saltando inesperadamente para fora da parede, às vezes congelado em forma de pináculo. (ibidem, p.201)

Já a *redundância* do gótico é o acúmulo de ornamentos propiciado pela livre expressão da subjetividade psicológica do operário.

[...] a arquitetura gótica é feita para ser apreciada por qualquer tipo de pessoa, desde o mais rude até o mais sofisticado. A riqueza de seu trabalho é paradoxalmente a sua humildade. A característica de humildade não está apenas em ser imperfeita, feita de forma errada para os padrões clássicos, mas devido ao acúmulo de ornamentos. O gosto do operário é aqui levado em consideração, o que acaba muitas vezes saturando o edifício destas manifestações. A condição ideal para que haja um trabalho coletivo e livre de hierarquia justifica esse excesso. (ibidem, p.204)

Embora Ruskin defendesse o gótico, ele nunca se considerou um neogótico. Isso porque sua defesa do gótico provém da identidade da lógica que articula o desenho a uma ética do trabalho. O que ele apreciou no gótico é sua lógica de composição, e não simplesmente seu desenho final. Segundo Stephen Wildman, curador da *Ruskin Library* da Universidade de Lancaster, Ruskin costumava picotar os desenhos e juntar partes de edifícios, formando outros. Se fôssemos filiá-lo a um estilo qualquer, este seria o *eclético*, e não o *neogótico*.

3
ALGUNS ANTECEDENTES DA TEORIA DE RUSKIN

O medievalismo do século XIX

A relevância do assunto Idade Média para as pesquisas modernas se deve, entre outras coisas, conforme Benévolo (1976), às descobertas arqueológicas que desacreditaram as convicções até então aceitas como verdadeiras. A Idade Média, para o Renascimento, foi a idade das trevas, da ignorância, e, por isso, um assunto proibido. Quando a reputação renascentista foi abalada, a Idade Média, assim como outros períodos históricos negados, passou a ser objeto de estudo, pois o que importava é que fosse original. Assim, a *maneira* de Vasari foi substituída pela noção de *estilo*. A concepção de *maneira* exaltava a genialidade do artista. Já a noção de *estilo* pouco se importa com a autoria, privilegia apenas a originalidade da obra.[1]

---

1 "[...] no século XVIII a palavra 'estilo' substitui o termo 'maneira' para designar aquilo que é inerente a um artista, a uma época ou a uma forma de arte. [...] o estilo é uma maneira particular ou ainda o modo de pintar e desenhar nascido do gênio particular de cada um na aplicação e emprego de ideias. Nota-se que a expressão formal da personalidade permanece subordinada a um conceito abstrato.

O surgimento do objeto *original* trazendo à luz *verdades agora verdadeiras* trouxe o valor da originalidade. Superou, assim, a visão evolucionista que se tinha até então para as artes. Dessa forma, o valor dado à evolução das artes foi substituído pelo valor atribuído à sua autenticidade. A superação da visão evolucionista libertou o artista para olhar em todas as direções, sem censura.

Foi assim que a Arquitetura gótica e a Idade Média se tornaram objetos de estudos. O estigma anterior de *idade das trevas* desapareceu. Liberaram-se todos os períodos e estilos, surgindo os *neos*: neobarroco, neogrego, neorrenascimento, neogótico, neochinês, neoetrusco, neobizantino, neomouro...

Ruskin, ao conceber suas idéias, encontrou a Idade Média acessível. Como visto, a Arquitetura em Ruskin provém de sua concepção de lógica *natural*. A relação de dependência entre os elementos na qual *um* ajuda o *outro* deu origem à noção de *composição natural*. Sabe-se que o período no qual Ruskin viveu, a Revolução Industrial, representou para a cultura britânica a total desestruturação de costumes e valores. O mundo medieval estava desabando, e o capitalista, avançando. A sensação de medo e perdas era um sentimento corriqueiro, e muitos intelectuais se apegaram a aspectos do passado para enfrentar o presente e pensar um futuro.

Meneguello (2000, p.20) tratou da dúvida usualmente atribuída ao medievalismo do século XIX. "Será que o neogótico foi uma manifestação de volta ao passado ou de adaptação ao presente?"

Essa expressão pessoal parece secundária às pessoas imbuídas de classicismo. [...] porém um novo sentido da palavra estilo, de caráter formal e não mais pessoal, vai se destacar. [...] em suas considerações sobre a pintura, Mancini, o médico de Urbano VIII, dizia: 'cada artista tem a propriedade comum de seu século e também a propriedade individual'. Era dar ao estilo uma acepção temporal" (Bazin, [s.d.], p.45).

A cidade de Manchester, ícone de cidade industrial, ao construir o edifício de sua prefeitura, o fez em estilo neogótico. Será que isso era uma volta ao passado? Como é possível a cidade mais industrial do mundo se voltar ao passado para construir sua imagem de administração?

Esse medievalismo, segundo Meneguello (ibidem), não significou a volta ao passado, mas a afirmação do presente. Nesse sentido, a visão mítica da Idade Média criou a atmosfera *mágica* necessária para suportar a destruição do passado para a construção de um presente. A visão mítica da Idade Média, expressa pelo estilo neogótico, minimizou a sensação de perdas. Isso auxiliou, ao invés de prejudicar, a construção do mundo capitalista.

É notável, ainda hoje, sentir o clima da Idade Média nas paredes das cidades inglesas, principalmente no interior. Sempre o olhar se depara com a agulha neogótica orientando e confortando ao mesmo tempo. É um olhar carregado de magia. O espaço é desenhado por fadas, serpentes, borboletas, dragões, demônios em forma de gárgulas, pináculos, esculturas, pinturas, que surgem e desaparecem conforme a luminosidade do dia e da noite, para a surpresa do transeunte. Sinais da cidade medieval estão presentes na cidade industrial. Uma atmosfera de encantamento cria sensações de que os edifícios têm vida. Os prédios parecem respirar e conversar com quem passa. É o espírito *animista* da Idade Média encantando um mundo já desencantado há um longo tempo.

> [...] quando não existe diferença entre as partes que compõem o universo ocorre a visão mítica da natureza. [...] o pensamento mítico pressupõe um princípio de identidade entre tudo e todos. [...] o mítico descansa sobre a evidência de que os fenômenos da natureza e os da vida individual e social estão integrados e não possuem senão o valor enquanto signos voltados à força vital. [...] é um uni-

verso cosmomórfico, onde o pensamento e a palavra não se diferenciam do sentimento e do gesto. [...] a linguagem mítica permite aos homens representar e valorizar os seus atos através dos quais expressam sua afetividade através de seus corpos. Constitui um sistema de figuração. Por exemplo, cria uma identidade entre o homem e a árvore, entre a mulher e a água. (Francastel, 1990, p.65)

Sobre a filosofia do Conde de Shaftesbury e a estética de Ruskin

Ruskin sofreu a influência de diversos intelectuais, dentre eles o conde de Shaftesbury, filósofo inglês do século XVIII.

Anthony Ashley Cooper, conde de Shaftesbury, criador da filosofia da natureza, afirmou que a origem de tudo está na *natureza*. Para ele a natureza possuía uma *lógica* que regula a todos. Essa *lógica*, por estar em todos e regular a todos, cria a sensação de que existe *um todo* em estado de equilíbrio. Todos os elementos, animados e inanimados, passando pelos fenômenos físicos naturais, estão submetidos a esse imperativo que governa a todos indiscriminadamente.[2]

Do mesmo modo, Ruskin concebeu a origem de tudo na *natureza*. Uma *lógica* paira sobre tudo, criando a sensa-

---

2 "[...] torna-se inevitável para o filósofo indagar se o mundo ordena-se por mero acaso ou se, ao contrário, pode-se falar num todo organizado segundo fins nele inscritos por uma inteligência ou um desígnio (design) todo poderoso, sábio e perfeito. [...] assim, não é propriamente para as coisas que o naturalista olha, mas para sua disposição, como já afirmava Aristóteles: quando qualquer uma das partes ou estruturas se encontra em questão, seja ela qual for, não se deve supor que é para sua composição material que se dirige a atenção, ou que ela é o objeto da discussão, mas sim a relação de tal parte com a forma total" (Pimenta, 2002, p.19).

JOHN RUSKIN E O ENSINO DO DESENHO NO BRASIL 71

ção da existência de *um todo*. Para Shaftesbury, o homem percebe essa *lógica* por meio de seus sentidos. As sensações se transformam em conceitos que, conforme o filósofo, sempre buscam explicações e proporcionam prazer.

Ruskin também considerou a existência de uma *lógica natural* apreendida pelos sentidos. Assim é sua noção de *primeira impressão* que apreende o mundo mediado pela imaginação do artista, apreende a lógica natural adormecida dentro de cada um.

O sensível, para Shaftesbury e para Ruskin, define uma razão. A frase de que *sentimos conceitos* eleva os sentidos à categoria da mente. A comunhão entre o homem e a natureza ocorre quando aquele reconhece e se conscientiza dessa *lógica natural*, o que fez com que Shaftesbury concluísse pela existência de uma inteligência superior e divina. Para o filósofo, o homem não está só, ele é protegido por essa instância superior que o guia.[3]

Do mesmo modo Ruskin sentiu a presença divina que desenhou a natureza e a pôs em movimento.

O pensamento, para Shaftesbury, é um movimento sistêmico, no qual o mundo é constituído por sistemas internos a outros sistemas, que por sua vez pertencem ao sistema maior que regula a todos. Ou seja, trata de uma dinâmica de interdisciplinaridade entre tudo e todos.

Esse movimento sistêmico de Shaftesbury fez com que enxergasse um tipo de relacionamento entre os elementos naturais, no qual todos dependem uns dos outros. Todos

---

3 "[...] a razão constata, através de uma avaliação, uma interdisciplinaridade entre a percepção da harmonia e a necessidade de um desígnio como seu fundamento, e o que se ganha com isso não é apenas a compreensão do que antes se percebia, mas também, a consciência de que nenhum todo individual pode ser completo em si mesmo, visto que sua própria forma total individual só encontra sentido na relação com outros semelhantes que com ele relacionam e constituem um todo maior" (ibidem, p.21).

os elementos precisam uns dos outros para existir. Shaftesbury chegou a concluir que nenhum elemento vive só, todos são dependentes uns dos outros.

A concepção de *composição natural* ruskiniana é muito parecida com a lógica de Shaftesbury. Para este, a matéria é composta por um desenho que se adapta ao desejo de uma mente, que por sua vez reconhece uma lógica natural. Do mesmo modo, Ruskin imaginou um desenho original composto por linhas curvas não fechadas que viabilizam a *política* da ajuda mútua que define a lógica natural.

O filósofo chamou o criador de *designer* do universo. O termo *design* é a formalização de um traço que obedece ao desejo de criar um relacionamento no qual *um ajuda o outro*. *Design*, para Shaftesbury, vem do italiano *desígnio*. No entanto, nem todas as formas naturais são possuidoras de inteligência. O filósofo classificou os elementos naturais a partir de três graus: o das formas mortas, o das formas formadas, e o das formas formantes.

As mortas não possuem inteligência, no entanto se relacionam com as demais. As formadas possuem inteligência, e as formantes são formadas que possuem a capacidade de criar formas formadas.

Ruskin não seguiu essa classificação. Limitou-se a comentar o desenho dos elementos naturais qualificando-os de criativos.

O homem, segundo Shaftesbury, classifica-se na categoria de formas formantes e, assim como o *divino*, poderá criar. Shaftesbury acreditou que o *divino* havia criado a *natureza*, no entanto, reconheceu que o homem também é criativo, mas sua capacidade criativa possui alguns limites, pois o homem não é *deus*, no entanto, pode imitar seu trabalho. Ruskin, do mesmo modo, admitiu que o homem não é *deus* e, para criar, precisa imitar o trabalho deste. Imitar a *natureza* não significou, para Shaftesbury, assim como para Ruskin, copiá-la, mas interpretar e representar sua *lógica*.

JOHN RUSKIN E O ENSINO DO DESENHO NO BRASIL   73

A arte, para Shaftesbury, seria o instrumento para a emancipação social, pois a *estética* pode educar a sociedade para aproximá-la da mente universal e assim integrar o homem na *natureza*.[4]

A função da estética é a mesma em Shaftesbury e em Ruskin, pois tem um poder de *salvação*. O *belo*, para os dois, pode integrar o homem na lógica *natural*, educando-o a praticar uma *sociabilidade natural*. Foi assim que entenderam o *belo* como sendo o *verdadeiro*.

Shaftesbury deu especial atenção à Pintura, ao passo que Ruskin privilegiou a Arquitetura. Os dois propuseram uma pintura que tivesse por técnica a dissolução dos contornos dos elementos componentes do quadro. A interpenetração dos corpos teria por função expressar a *lógica natural*, dando a sensação da existência de *um todo em estado de equilíbrio*. Assim, o *belo*, para Shaftesbury e para Ruskin, tem o poder de revelar *a lógica da natureza*.

---

4 "[...] o recuo necessário para o ajuste ente o Eu e o mundo que lhe aparece como exterior, a procura de uma sintonia que, uma vez obtida, permitirá compreender a íntima relação necessária entre o Eu e o mundo a partir de um mesmo princípio. [...] não se trata, por um lado, de abandonar toda pretensão ã sociabilidade, mas, sim de regular a conduta em sociedade de modo a dar um passo além de uma sociabilidade primária e insuficiente. [...] a linguagem do design [...] permite afirmar que o homem transformado pelo trabalho de si mesmo, ciente da finalidade e intenção que a natureza lhe destinou, tem a consciência de que há laços possíveis de sociabilidade superiores, plenamente de acordo com o design na natureza. [...] a perspectiva consmopolita não é a da cidade, mas a do princípio cósmico que habita o homem. [...] a resposta de Shaftesbury é inequívoca: o fim e o desígnio da natureza no homem é a sociedade" (ibidem, p.88).

4
JOHN RUSKIN E O DESENHO NO BRASIL

As ideias de John Ruskin estiveram presentes no primeiro projeto de industrialização do Brasil por meio das mãos de Rui Barbosa, ainda no império de D. Pedro II. Foi com a *Reforma do ensino primário* (Barbosa, 1946), publicada em 1883, que Barbosa planejou uma estratégia para transformar um país agrário em industrial. Porém, antes disso, em 1856, esse projeto de industrialização já estava em curso com a fundação do Liceu de Artes e Ofícios (LAO) do Rio de Janeiro, cuja estratégia era a política da educação do desenho com o objetivo de criar um mercado de trabalho composto de mão de obra operária qualificada na estética.

Imaginavam que o primeiro passo para industrializar o país era construir uma política educacional que valorizasse o trabalho manual. A pedagogia de Barbosa substituiria a de influência jesuítica com base na memorização por uma que qualificou de *intuitiva* com base na observação da natureza. Rui Barbosa adotou parte da concepção estética de John Ruskin.

Diferente de Barbosa, influenciado pelo crítico inglês, o LAO foi influenciado pelos franceses.[1] Apesar de fontes diferentes, ambos tiveram em comum a mesma estratégia para industrializar o país.

O LAO foi fundado pelo arquiteto Francisco Joaquim Béthencourt da Silva, discípulo de Grandjean de Montigny, membro da Missão Francesa chefiada por Lebreton. A *Sociedade Propagadora das Belas Artes*, sua mantenedora, pretendia difundir o belo nos espaços da cidade. A cidade seria uma *obra de arte*. O belo estaria presente nos espaços do dia a dia das pessoas comuns, como, por exemplo, nas padarias, nas farmácias, nos restaurantes, nos açougues, nas alfaiatarias, além dos edifícios públicos (já tratados como arte).

Com cursos noturnos, gratuitos e sem restrição a qualquer tipo de pessoa, posição social, nacionalidade ou gênero, abriu-se para toda a sociedade carioca.

A origem da política do ensino do desenho está na cultura moderna europeia. Um dos momentos mais impactantes desse processo foram as críticas feitas por John Ruskin à estética dos produtos industriais na Exposição de Londres de 1851. O ensino do desenho pareceu, na época, apontar para a solução desse dilema. No entanto, a política do ensino do desenho, segundo Gama (1986), foi

---

1 A origem francesa do LAO: "Na França, em 1675, Colbert encomendou à Academia de Ciências de Paris um estudo sobre as artes e ofícios, o que se inseria na política manufatureira levada à prática por ele. Dessa encomenda resultou a Descriptions des Arts et Métiers Faites ou Approuvées par Messiers de l'Académie Royale des Sciences, avec Figures, onde estavam representadas todas as ferramentas e máquinas, em planta, vistas e cortes, com pormenores de certas peças importantes. A obra foi iniciada em 1693, mas o primeiro de seus 76 volumes só saiu graças aos esforços de Réaumur e de Duhamel du Monceau em 1761. A Enciclopédia de Diderot e D'Alembert coroou o esforço feito na França nesse campo" (Gama, 1987, p.56).

muito mais do que a mera resposta à exposição londrina; foi a expressão de um dos momentos de ruptura entre o modo de produção capitalista e o sistema feudal.

Embora o Brasil não fosse um país industrial, existia o desejo, por parte de seus dirigentes, de que o fosse. O LAO e a *Reforma do ensino primário* de Rui Barbosa formaram as primeiras tentativas desse projeto político de industrialização.

Um dos maiores obstáculos enfrentados, segundo Béthencourt da Silva (1911), era o preconceito em relação ao trabalho manual. Esse tipo de trabalho era atributo de escravos e visto de forma proibitiva para o *homem de bem*. No entanto, sabia-se que, se o país desejava abandonar sua posição agrária, precisaria construir uma classe trabalhadora. O Liceu e Barbosa propuseram alterar a cultura por meio da educação que valorizasse o trabalho manual. Pretendiam construir uma sociedade voltada ao trabalho.

O Liceu se posicionou contrário ao trabalho escravo, contrário também ao sistema de ensino das corporações de ofício ainda existentes no país.[2] O fato de ser uma escola já demonstrava ser uma oposição. Seu objetivo era formar mão de obra qualificada para construir um mercado de trabalho,[3] coisa impossível de acontecer com a mão de obra escrava ou com as corporações de ofício.

---

2 Embora as corporações de ofício houvessem sido proibidas no Brasil, elas ainda existiam. Nas corporações de ofício não existia diferença entre produção e ensino. O mestre adotava um aprendiz conforme certa quantia de dinheiro e fazia-o trabalhar conforme suas ordens. O aprendiz era ao mesmo tempo aprendiz e servo.

3 "As leis das corporações da Idade Média impediam metodicamente [...] a transformação de um mestre artesão em capitalista, limitando severamente o número de Companheiros que ele tinha o direito de empregar. Também só lhe era permitido empregar Companheiros no ofício em que era mestre. A corporação se defendia zelosamente contra qualquer intrusão no capital mercantil, a única forma livre de capital com que se confrontava. O comerciante podia comprar

No século XVIII um dos grandes nomes da história da educação é o suíço Jean-Jacques Rousseau. Na obra Emílio, considerada o grande clássico da utopia pedagógica, propõe a educação para a reforma da sociedade. Artz lembra Rousseau, assim como La Chalotais e Condillac, seguia a teoria de Locke sobre o conhecimento humano e a sua origem nas sensações – bases do pensamento reflexivo – e que a experiência direta e a razão deveriam ocupar o lugar da autoridade na educação. Insiste por isso no valor do aprender fazendo; declara explicitamente seu ódio aos livros, que apenas nos ensinam a falar de coisas de que não sabemos nada. É por aí que chega, mais do que qualquer outro escritor, a considerar as artes manuais em seu verdadeiro valor educacional: um jovem aprende mais em uma hora de trabalho manual do que num dia inteiro de instrução verbalizada. (Gama, 1987, p.133)

---

todas as mercadorias, mas não o trabalho como mercadoria. Só circunstância tolerada como distribuidor dos produtos dos artesãos. Se circunstâncias extremas se subdividiam em subespécies ou se fundavam novas corporações junto às antigas, sem que diferentes ofícios se reunissem numa única oficina. A organização corporativa excluía, portanto a divisão manufatureira do trabalho, embora muito contribuísse para as condições de existência desta, especializando, separando e aperfeiçoando os ofícios. Em geral, o trabalhador e seus meios de produção permaneciam indissoluvelmente unidos, como o caracol e sua concha, e assim faltava a base principal da manufatura, a separação do trabalhador de seus meios de produção e a conversão desses meios em capital [...] O ensino técnico – o ensino especial, o ensino primário superior, correspondia a novas necessidades, de ordem técnica e profissional, que as grandes transformações econômicas do século XIX fizeram nascer, particularmente o desenvolvimento da grande indústria e da administração pública e particular. Os antigos centros corporativos, aludidos em 1791, não haviam conseguido reconstituir-se. Por outro lado, os operários qualificados não podiam mais contentar-se com receber, como outrora, na oficina do mestre artesão ou na família, as tradições concernentes à prática dos ofícios" (ibidem, p.109-122).

A industrialização do Brasil, na opinião de Barbosa e de Béthencourt, passaria primeiro por uma transformação cultural, isto é, formaria uma sociedade voltada ao trabalho, para só depois surgir a estrutura fabril propriamente dita. Eles quiseram *plantar as sementes* do Brasil industrial.

A reforma do ensino primário de Barbosa pretendia alterar o sistema educacional começando no nível primário e chegando ao profissional. Foi por essa *porta* que as ideias de John Ruskin, trazidas pelas mãos de Rui Barbosa, chegaram ao país.

É importante atentar que o desenho, para Ruskin, é a derivação de uma lógica que se expressa pela dissolução da diferença entre artes liberais e mecânicas, mas, além disso, ela propicia um tipo de relacionamento na produção que elimina a hierarquia de quem pensa e de quem faz. Barbosa conhecia essas ideias de Ruskin, pois foi um assíduo leitor do inglês. No entanto, não as trouxe para fundar uma escola do tipo do *Arts and Crafts* inglesa; utilizou apenas algumas ideias de Ruskin, mais especificamente sua teoria de lógica natural, sem seguir à risca todos seus desdobramentos.

O *Arts and Crafts* inglês foi a expressão mais acabada dos pensamentos de Ruskin em relação à indústria.

Arts and Crafts: as ideias de Ruskin para a indústria

Ruskin foi reconhecidamente um dos críticos mais ferozes à Exposição de Londres de 1851. *Faltava arte aos produtos industriais.* No entanto, sua concepção de arte nunca se restringiu à melhoria da qualidade do desenho[4]

---

4 Em relação às consequências da exposição londrina de 1851, Rui Barbosa diz: "O país inteiro estremeceu; mas o país estava sal-

80   CLAUDIO SILVEIRA AMARAL

do produto. A estética ruskiniana deriva de sua concepção de *lógica natural*, na qual o *belo* é o resultado de uma relação obtida por meio da *política* da ajuda mútua. Assim, o belo do produto industrial seria a derivação da ética do trabalho com base na cooperação mediante a política da ajuda mútua.

A crítica ruskiniana à exposição londrina teve por retaguarda sua concepção de *estética*. Criticou a organização de trabalho fabril porque dividia a produção em etapas especializadas, tornando o trabalho um procedimento repetitivo, mecânico e alienante. Para Ruskin, essa é a tônica do que chamou *produto sem estética*.

Por isso, a crítica ruskiniana não exige simplesmente um desenho bem feito, exige outro tipo de relacionamento na divisão do trabalho fabril. Para Ruskin, não é função do desenho agregar qualidade ao produto, essa função é

---

vo, como todos os países onde a capacidade governa; porque os homens de estado ingleses tiveram a fortuna de perceber a causa, sutil, obscura, solapada, mas decisiva, desse desastre. Sabeis o que, na opinião dos ingleses e do mundo, derrotaria a Inglaterra? Um nada (aqui, deste alcantil da nossa superioridade, aqui entre nós o podemos dizer) uma causa estravagante, frívola, pueril, aos olhos da gente prática e sábia como nós: o desleixo do ensino do desenho. O governo viu-o; o governo creu-o; o governo proclamou-o; o governo estabeleceu que, para a reabilitação da potestade ferida de Albion, só havia um meio: uma reforma radical do ensino do desenho em todas as escolas. E ali os governos não prometem: anunciam e executam; ali não se adia a satisfação das necessidades públicas; não se ladeiam as questões; encaram-se, estudam-se, resolvem-se virilmente. É um povo; não uma armentio de almas. Já nos fins de 1851 se apontavam as medidas. No ano seguinte lançaram-se as primeiras pedras do imenso monumento, de que a escola de South Kensington, com o seu museu, é o centro, e que consome à Inglaterra somas espantosas. Numa palavra, esse ensino, que até 1852 não existia naquele país, em 1880 se ministrava, nos cursos superiores desse instituto, a 824 alunos, em 151 escolas de desenho a 30.239 pessoas, em 632 classes especiais a 26.646 discípulos e, em 4.758 escolas primárias, a 768.661 crianças" (Barbosa, 1949, p.15-6).

atribuída à maneira como esse desenho foi produzido. Essa sua concepção de *estética* foi bem desenvolvida em *As pedras de Veneza*, obra que aprofundou sua teoria da Arquitetura e tratou da superação da diferença entre artes liberais e mecânicas.

A *estética* ruskiniana trata da união entre o pensar e o fazer, e foi por esse caminho que o movimento *Arts and Crafts* se desenvolveu.

Para eles, a produção seria o resultado da própria atividade do ensino, isto é, eles pensariam e repensariam continuamente o desenho e os materiais utilizados durante o processo, entendendo a atividade do ensino como uma pesquisa interna a produção.[5]

A escola/fábrica/comércio seria uma *cooperativa* na qual os proprietários seriam os próprios operários, administradores e vendedores. Assim, os lucros e os prejuízos seriam socializados. Eliminavam-se os *fantasmas*, quando *um* obtém os créditos pelo trabalho do *outro*, e eliminava-se também a intermediação entre produção e consumo com a venda do produto no próprio local da produção.

O *Arts and Crafts*, contrário ao entendimento usual da historiografia da Arquitetura moderna, não foi contrário ao uso da máquina na produção, mas contrário à escravização do homem por esta. As máquinas seriam adaptadas aos desejos e ao tempo dos operários. Por fim, o *Arts and Crafts* quis evitar o *mal* que assolava a sociedade industrial de então: o pavor de um levante socialista como o

---

5 "As atividades de produção também eram educacionais, nos anos de 1888 e 1894. A primeira série de produtos ocorreu no sótão de um galpão na rua do Comércio em Londres e as primeiras aulas ou classes de estudo do desenho ocorreram juntamente com os estudos das obras de Ruskin. [...] A industria vista sob o ponto de vista de sua concepção original era pautada pela união da produção com o ensino" (Ashbee, 1972, p.1).

ocorrido na Comuna de Paris. "Nos encontramos em uma encruzilhada tendo em uma das direções a *revolução* ou o *socialismo destrutivo* e outra uma proposta construtiva de arte industrial britânica" (Ashbee, 1973, p.48).

O Liceu de Artes e Ofícios (LAO) do Rio de Janeiro

O LAO do Rio de Janeiro, como já visto, foi fundado em 1856 pelo arquiteto Francisco Joaquim Béthencourt da Silva na cidade do Rio de Janeiro, tendo por mantenedora a *Sociedade Propagadora das Belas Artes.*

Béthencourt da Silva foi aluno de Grandjean de Montigny na Academia Imperial de Belas Artes, e conforme a opinião recorrente, foi seu discípulo. No entanto, não é correto afirmar que Béthencourt foi um neoclássico, assim como o foi Grandjean, pois suas ideias sobre estética eram contraditórias. Ele foi influenciado tanto pelo Neoclassicismo quanto pelo Romantismo. Por exemplo, ele foi um neoclássico quando *escolheu* os elementos naturais mais belos.

> Para copiar as belezas da natureza, não como um estudo necessário ao conhecimento da forma e à prática do exercício da profissão, mas sim como origem ou fonte do belo e principal fim da arte, seria preciso, amesquinhando as altas aspirações da humanidade, esquecer que imitar não é copiar, porém, já escolher, e que para a escolha assisada e constitutiva da produção, é indispensável o sentimento harmônico da beleza, que guia as faculdades do entendimento nas produções da arte. (Barros, 1956, p.203)

E ele foi um romântico quando defendeu a reflexão e o gosto.

A arte não consiste somente em imitar a natureza, reproduzindo com mais ou menos perfeição uma ideia ou um tipo; a arte tem por fim especialmente a revelação do belo subordinada todas as exigências da razão e do espírito. Para ter-se uma ideia completa da beleza da arte, é preciso ajuntar a perfeição à plenitude do ser que se pretende, de modo a exercer sobre a nossa sensibilidade a impressão real da sua essência, que unida à apreciação das qualidades peculiares de caráter ou do assunto que se representa, constitui por si mesmo em nossa alma, esse fato complexo de espírito que se chama admiração. Se o gênio imitativo do homem originou a arte, o seu fim não é certamente o de copiar absoluta e servilmente a natureza, visto que a beleza na arte não é a reprodução fotográfica e matemática da realidade, mas a expressão da natureza modificada pelo raciocínio, pela reflexão e pelo gosto. (ibidem, p.209)

O ensino do desenho no LAO não se prendeu a nenhum tipo de paradigma estético. Os professores assumiram uma postura *eclética*, assim como Béthencourt.

O nosso curso não fazia questão de diretrizes estéticas, não se obrigavam os estudantes a seguir as opiniões particulares do professor, que dava plena liberdade de expressão, cuidando unicamente da técnica; e por isso, pode-se afirmar que raramente foram alcançados na gravura artística resultados tão interessantes. (ibidem, p.331)

O LAO teve origem nas ideias da revolução industrial europeia trazidas pela Missão Francesa, conforme revelou Mário Barata ao citar Lebreton.[6]

---

6 "Este duplo estabelecimento, embora de natureza diversa da do primeiro (Academia de Belas Artes), se amalgama perfeitamente com ele. Será, inicialmente, o mesmo ensino dos princípios básicos

84 CLAUDIO SILVEIRA AMARAL

Lebreton pretendeu fundar duas escolas, uma para as artes liberais e outra para as artes mecânicas. No entanto, apenas a primeira vingou, sendo que a segunda foi fundada apenas em 1856, muito depois de sua morte, em um momento diferente da história da industrialização mundial da qual participou.

Lebreton trouxe para o Brasil a bagagem da revolução industrial europeia da qual fez parte. Conforme Gama (1987, p.59), possuía fortes vínculos com Jean Jacques Bachelier, fundador da Escola Real de Paris voltada ao ensino gratuito do desenho.

A ideia da indústria resolvendo todos os problemas nacionais não era novidade (Squeff, 2000, p.171). O projeto de industrialização com base no ensino do desenho data, conforme Gama (1986), de tempos anteriores à proposta de Bachelier. Sua origem decorreu da dinâmica pela qual o modo de produção feudal cedeu espaço ao capitalista. Gama sintetizou esse momento como o da transformação da concepção de *técnica* para a *tecnologia burguesa*.

---

do desenho até o estudo que se diz baseado no vulto; e serão os mesmos professores, a saber, o Sr. Debret e o professor português já empregado, que se encarregarão desta parte do ensino; coloco aí o Sr. Debret como tendo grande experiência do ensino elementar do desenho, bem como do de pintura, porque ele não somente dirigiu durante quinze anos o atelier dos alunos de David; foi durante dez anos o único mestre de desenho do melhor e mais numeroso colégio de Paris, o colégio de Ste. Barbe. [...] Após os primeiros passos de estudo da figura, vem o desenho de ornato, de aplicação tão variada e tão útil em todos os ofícios em que o gosto pode ornamentar e embelezar, seja pela escolha das formas, seja nos acessórios. Aqui a escola passa inteiramente para a influência do professor de arquitetura; porque os móveis, vasos, objetos de ourivesaria e bijuteria, marcenaria etc. são de sua competência ao mesmo tempo que ele ensinará ao carpinteiro e ao fabricante de carroças a traça, com as regras de precisão e exatidão que devem guiar todos os artesãos" (Gama, 1987, p.134-5).

JOHN RUSKIN E O ENSINO DO DESENHO NO BRASIL 85

Existiram várias maneiras para definir o termo tecnologia. Algumas se confundem com a noção de técnica.[7] Porém, a tecnologia burguesa esteve ligada a um *pensar* direcionado a um *fazer*, ou seja, ao mundo do trabalho.

"O progresso da ciência, a melhoria das condições do homem requerem, pois, segundo Bacon, que o saber dos técnicos se insira no campo (que lhes tem sido vedado por uma tradição multissecular) da ciência e da filosofia natural. Os métodos, os procedimentos, as operações, a linguagem das artes mecânicas iam se afirmando e aperfeiçoando fora do mundo da ciência oficial, no mundo dos engenheiros, dos arquitetos, dos artesãos qualificados, dos construtores de máquinas e de instrumentos. Esses métodos, esses procedimentos e essas linguagens devem passar agora a ser objeto de exame, de reflexão e de estudo."[8]

---

7 Conforme Gama: "Técnica: Conjunto de regras práticas para fazer coisas determinadas, envolvendo a habilidade para executar e transmitir, verbalmente, pelo exemplo, no uso das mãos, dos instrumentos e ferramentas e das máquinas. Tecnologia: Estudo e conhecimento científico das operações técnicas ou da técnica. Compreende o estudo sistemático dos instrumentos, das ferramentas e das máquinas empregadas nos diversos ramos da técnica, dos gestos e dos tempos de trabalho e dos custos, dos materiais e energias empregadas. A tecnologia implica na aplicação dos métodos das ciências físicas e naturais e, como assinala Alain Birou, também na comunicação desses conhecimentos pelo ensino técnico" (ibidem, p.30-1).

8 "Ao contrário, a ideia de que a indústria poderia resolver os problemas nacionais, apareceu nos periódicos e publicações relativos ao Brasil desde princípios do século, manifestava a postura tipicamente ilustrada dos letrados brasileiros. Assim, como já estava presente em diversas iniciativas tomadas por D. João VI na administração do novo Reino. Em 1818 o rei ordenava que parte dos seminaristas de São Joaquim fossem aproveitados como aprendizes de ofícios mecânicos. No ano seguinte começava a funcionar, na Bahia, no seminário do Órfão, uma escola técnica. Sem dúvida o investimento mais ambicioso de D. João neste campo foi a criação da instituição

86 CLAUDIO SILVEIRA AMARAL

A inter-relação entre teoria e prática, necessária ao conceito de tecnologia burguesa, esteve ausente devido ao distanciamento das artes liberais das mecânicas, e foi essa distância que precisou ser desfeita.[9]

O processo de ruptura do capitalismo industrial com o modo de produção artesanal já vinha se dando antes do século XV. No entanto, um momento decisivo ocorreu quando algumas atividades antes feitas juntas se separaram. Alberti, ao expor o processo da feitura da cúpula de Santa Maria das Flores, *inventou* a teoria. Brunelleschi, ao conceber a cúpula primeiro no desenho para só depois ir ao canteiro de obra, libertou o projeto arquitetônico deste. A teoria, por sua vez, permitiu que a atividade do ensino fosse ministrada em tempos e espaços diferentes da execução da obra.

A tecnologia burguesa exigiu que o ensino fosse uma atividade autônoma das demais.

> E para finalizar [...] a palavra *tecnologia* foi utilizada em sua acepção mais geral, seguindo o costume moderno. Porém, os dicionários definem a *tecnologia* em termos de conhecimento sistemático de assuntos práticos, e já se indicou aqui que o traço distintivo dos métodos do artesão é que eles não dependem de um conhecimento sistemático;

---

denominada inicialmente 'Escola Real de Ciências, Artes e Ofícios'. O embrião do que seria a Academia de Belas Artes já nascera sob o duplo signo das artes e ofícios. [...] Contudo seu caráter seria modificado diversas vezes, acabando por configurar, na década de 1840, uma Academia voltada somente para o ensino das artes liberais" (ibidem, p.47).

9 "Em nossos dias a vinculação entre a ciência e a produção, como forma específica da unidade entre a teoria e a prática, é tão estreita que, se bem que a produção tenha se convertido em vigorosa fonte de desenvolvimento, o enorme incremento das forças produtivas no nosso século seria inconcebível sem o correspondente progresso científico" (ibidem, p.80),

apoiam-se em um conhecimento intuitivamente organizado obtido pela experiência. Em consequência disso, a palavra *tecnologia* em sentido estrito não pode ser aplicada com propriedade à obra dos artesãos. (Gama, 1987, p.53)

A Missão Francesa que veio ao Rio de Janeiro veio para fundar *escolas*, ou seja, a concepção de tecnologia burguesa estava presente. Lebreton, ao propor o ensino do desenho, trouxe o momento pelo qual passava a revolução industrial europeia de então.

O Liceu francês estava rompendo a distância entre as artes liberais e as mecânicas, e propunha a concepção de tecnologia burguesa. No entanto, não se pode dizer que Béthencourt reproduziu, ao pé da letra, as ideias de Lebreton, pois responde a outro momento do processo de revolução industrial, embora a problemática fosse a mesma.

Béthencourt respondia às críticas à Exposição de Londres que naquele momento enfatizavam a necessidade de ampliar os cursos de desenho.[10]

Embora o Brasil não fosse um país industrial, o Liceu surgiu para que o fosse implantando a política da educação estética.[11] "Criar a indústria é organizar a educação" (Barbosa, 1959, p.48).

---

10 "A Exposição de Londres em 1851 foi o começo da nova era. Ela fez pela arte, entre os ingleses, o que Sócrates fizera pela filosofia, quando a trouxe dos numes aos homens, ensinou ao povo britânico que a deusa podia habitar sob o teto de qualquer família, como num palácio veneziano" (Barbosa, 1959, p.13).

11 "Mas somos uma nação agrícola. E por que não também uma nação industrial? Falece-nos o oiro, a prata, o ferro, o estanho, o bronze, o mármore, a argila, a madeira, a borracha, as fibras têxteis? Seguramente não. Que é pois, o que nos míngua? Unicamente a educação especial, que nos habilite a não pagarmos ao estrangeiro o tributo enorme da mão de obra, e sobretudo da mão de obra artística" (ibidem, p.45-6).

Rui Barbosa se aproximou do LAO quando trouxe as ideias do *maior crítico de arte daqueles tempos*: John Ruskin.

Araújo Porto Alegre considerava lastimável a presença do Brasil na Exposição de 1851, e Rui Barbosa mostrava que a própria participação inglesa fora desastrosa; seus comentários foram certamente inspirados em John Ruskin, cuja obra *The Stones of Venice* cita no mencionado discurso. Foi Ruskin quem chamou a atenção para a feiúra dos objetos produzidos na Inglaterra vitoriana, para a superioridade da produção artesanal, bem como para a sua visão da arte como *necessidade social*, que nenhuma nação poderia desprezar sem colocar em perigo sua existência intelectual.[12]

As ideias de Ruskin participaram do primeiro projeto industrial do Brasil possivelmente por serem conhecidas internacionalmente após suas críticas à exposição londrina. As ideias da supressão da distância entre as artes liberais e as mecânicas compatibilizaram-se com as ideias que agregavam teoria e prática presentes na concepção de tecnologia burguesa. "Mas o que fez o Liceu em sessenta anos! Dignificou os ofícios dando-lhes o cunho de Liberal da Arte" (Barros, 1956, p.156).

---

12 Gama provavelmente leu parte da produção de Ruskin, portanto não entendeu sua proposta de teoria da percepção, assim como a maioria dos historiadores da Arquitetura moderna, por isso considerou Ruskin adverso à revolução industrial e adepto as relações produtivas medievais, quando afirma que "Ruskin defendia a superioridade da produção artesanal". Estamos, nesta pesquisa, admitindo que Ruskin era a favor da revolução industrial, no entanto, propunha um outro tipo de relacionamento nas relações de trabalho na fábrica, diferentes das adotados pelas fábricas vitorianas. Essa proposta apareceu com o *Arts and Crafts* de Charles Ashbee (Esta nota se refere a Gama, 1987, p.144).

Béthencourt queria erradicar o preconceito em relação ao trabalho manual, e nesse sentido, as ideias de Ruskin devem ter sido uma grande inspiração.

> O trabalho é a divisa da mocidade, é o emblema da virtude, da honestidade e do progresso; com elle mostraremos aos covardes e corrompidos que a innovação não é um attentado e que o futuro será nosso. Tractemos da nossa sociedade com afan e desvelo, abramos as portas do edifício da nossa escola, colloquemos no altar da pátria e da musa nacional o pharol que deve guiar os nossos filhos do estudo, e o futuro das artes, do país e da mocidade estará salvo. (Béthencourt, 1911, p.27)

O ensino da estética à população trabalhadora do Rio de Janeiro continha uma ação moralizadora. Estava *implícito* que uma cidade desenhada com ornamentos expressava uma sociedade voltada ao trabalho. O propósito último do Liceu era transformar a cidade em uma *obra de arte.*

> Além disto, que vantagens não resultarão deste ensino artístico para o povo e para a nação! Que valor não terão as obras da industria nacional, quando as Bellas-Artes tiverem enriquecido os adornos de todas as nossas producções melhorando o seu fabrico, harmonizado as suas linhas, dando-lhes uma nova forma, applicando-lhes todos os recursos da natureza brazileira!... Só então se conhecerá entre nós e se demonstrará às nações da Europa a superioridade da intelligencia americana até agora sacrificada pela rotina e pelo abandono. O carpinteiro, o alfaiate, o canteiro, o ourives, o entalhador, e o pedreiro, bem como todos os outros operários podem em breve deixar de commetter os erros que caracterisam as suas obras de hoje, si quizerem applicar algumas horas das noites de três annos ao estudo da arte que lhes é mister. Com isso deixarão de praticar

90 CLAUDIO SILVEIRA AMARAL

os sacrilégios artísticos que os condemnam, collocando-se a par dos bons mecânicos da Inglaterra, da Allemanha, e da França onde o Sr. Dupin, se deve a superiodidade de todos os seus artefactos sobre os das outras nações. (ibidem, p.40)

Na revista *O Brazil Artístico*, o articulista João do Rio citou Viollet-le-Duc e Ruskin (Rusquim) para expressar sua indignação frente ao desenho da cidade colonial e pedir seu redesenho, além de atentar para a criação de um mercado de trabalho para a construção civil.[13]

---

13 "[...] Quem tiver o arame necessário para tal pagamento se pode considerar tão architecto como Miguel Ângelo ou como Viollet-Le-Duc e igual a *Rusquim* para discutir pontos d'arte! [...] Essa uniformidade, essa banalidade era tal, e ainda o continua a ser, em muita coisa referente às obras cariocas que, boçaes, os Chicos, aos quaes mais acima me tenho referido, nas caricatas especificações de declarar que toda e cada uma parte da obra e todas ellas juntas se fariam a gosto do proprietário. Era este e ainda continua a ser, em muitos casos, o estribilho de taes especificações. A pintura, a gosto do frequez, a forração a gosto do proprietário, a gosto do mesmo o fogão, as bancas de cozinha, as pias e os apparelhos sanitários e seus sobresalentes, a gosto do proprietário o ladrilho e o azulejo, o feitio das esquadrias, o desenho das grades, tudo com a mesma farofa. O constructor, sem perigo, bem podia prometter que tudo faria a gosto do frequez, este gosto era e continua a ser, na maioria dos casos, mau e sempre o mesmo, esse gosto era o das posturas obrigatórias observadas, esse gosto era o dos materiais existentes no mercado, esse gosto e feitio era o que permittia a monotonia das dimensões dos terrenos... O gosto do proprietário era o vulgar, o trivial, o feijão e a carne assada de todos os dias, a mesma despeza diária, o mesmo custo, o mesmo typo de coisas, a monotonia enthronisada em tudo quanto dizia respeito à arte do construtor e do architecto. O que é que este tinha que fazer no meio de toda essa uniformidade, dessa invariabilidade, dessa insípida monotonia? Vegetar ou desaparecer. Mas essa mesma monotonia foi a causa original do movimento de reacção, que agora se opera no sentido de tudo se modernisar em matéria de architectura. Effectivamente, abolido a escravidão, proclamada a República, desenvolvendo-se a immigração e estabelecendo-se, por todos esses factos reunidos,

É possível que os desenhos das fachadas dos edifícios do *Corredor Cultural* do *Centro Histórico* da cidade do Rio de Janeiro sejam de alunos do LAO. Esses desenhos foram chamados de *ecléticos*, e pode-se dizer também que John Ruskin foi um eclético, apesar de a crítica classificá-lo de neogótico.

Foi no final de 1840 que o chamado estilo gótico-revival-britânico começou a procurar novas fontes de inspiração. E o homem que tradicionalmente se tornou responsável por esta expansão foi, é claro, John Ruskin. (Crook, 1982, p.66)

A crítica classificou o neogótico inglês de *gótico ruskiniano*. No entanto, Ruskin fez questão de negá tal classificação publicamente. "Nós não precisamos de mais um estilo para a arquitetura [...]. Queremos a mistura de todos os estilos" (ibidem, p.68).

Em 1855, no prefácio da nova edição, Ruskin tentou se desvincular do rótulo de gótico veneziano dizendo: "O gótico de Verona é muito mais nobre que o gótico de Veneza e o gótico da França é mais ainda" (ibidem).

Em 1859, Ruskin declarou que a catedral de Chartres era tão bela quanto a igreja de São Marcos. Mas seu esforço foi em vão, pois a crítica continua chamando-o de neogótico.

---

a concurrencia profissional, o proprietário, o senhorio, começou a explorar por sua conta e em seu benefício único os padrões que a tradição havia vinculado no Rio como tipos da construção local. Já o proprietário não chamava para a edificação das suas obras o velho mestre, o pé de boi que tradicionalmente o havia servido. Solicitados por todos os lados elos recém-chegados para lhes darem as obras que pretendiam fazer, os proprietários começaram a explorar a situação estabelecendo a concurrencia para a execução das mesmas." (Rio, 1911, p.219)

É importante lembrar que *As pedras de Veneza* expressou a paixão de Ruskin pela Arquitetura de Veneza. No entanto, o capítulo "A natureza do gótico" de tal livro explica o porquê: Ruskin apreciava a lógica do trabalho. Foi nesse capítulo que sua concepção de *estética arquitetônica* apareceu pela primeira vez. Ruskin atribuiu o surgimento do gótico veneziano à mistura de vários operários que combinaram diversos conhecimentos de culturas diferentes, resultando em desenhos nunca vistos antes. Foi a mistura desses conhecimentos que possibilitou à Arquitetura de Veneza ser original. O escritor inglês foi contrário à noção de *estilo*, isso porque "o estilo limita a criatividade para novos desenhos". É certo que os vitorianos estavam em busca de um estilo para os representar, mas Ruskin foi contra essa busca.

> Qual será exatamente a forma desse novo estilo? E por quanto tempo vai durar? Os arquitetos devem inventar estilos regionais? Ou devem desenhar pedaços de edifícios para depois juntá-los livremente em uma única edificação? Nesse eldorado de imaginação poderá haver mais de um Colombo? Após a escolha do novo estilo aposentaremos a nossa criatividade e repetiremos até o cansaço? Seja o que for, mesmo que achemos um estilo ele nunca representará o fim de nossa capacidade para criar outros desenhos. (ibidem, p.71)

Os desenhos das fachadas do *Corredor Cultural do Centro Histórico do Rio de Janeiro* expressam a livre associação de estilos. Acima de qualquer estilo, mistura-os indiscriminadamente, por isso foi chamado de eclético. Mas o que seria o eclético se não a justaposição de todos os estilos? Se assim o for, Ruskin também não seria um eclético?

As imagens do *Corredor Cultural do Centro Histórico do Rio de Janeiro* apresentadas no final deste trabalho foram tiradas no ano de 2011. São edificações construídas no final do século XIX e início do XX. São pequenos edifícios voltados a programas do dia a dia da cidade, como açougue, farmácia, sapataria, restaurante, barbearia, charutaria, loja de tecido, de material de construção, residência etc. Não expressam o luxo dos edifícios monumentais como a Biblioteca Nacional, o Teatro Municipal ou o edifício do Museu da Academia de Belas Artes, e também não são obras assinadas como estes o são. No entanto, são ricamente desenhados, expressando um profundo conhecimento na arte do desenho. Esses artistas são os próprios construtores, o que instiga a pensar se não foram formados pelo LAO.

Rui Barbosa e John Ruskin

O LAO do Rio de Janeiro propôs a união entre as artes liberais e as mecânicas, o que certamente o aproximou da concepção de *estética* de John Ruskin. Essa afirmação não é apenas uma dedução, mas uma constatação, pois, embora Béthencourt da Silva raramente citasse suas fontes intelectuais, Rui Barbosa o fez constantemente, citando nominalmente John Ruskin nas obras *Lições de coisas*, *Reforma do ensino primário* e no discurso feito no LAO, em 1882, intitulado *O desenho e a arte industrial*.

Barbosa não apenas conhecia as ideias de Ruskin, como o qualificou de *o maior entendido em arte do século XIX*.[14]

Ainda nesse discurso, Barbosa traduziu uma passagem de *The Two Paths*, no qual Ruskin defende uma arte popular, em oposição à arte aristocrática.

A grande lição da história, diz o maior mestre em assuntos de arte que este século já produziu, é que tendo

---

14 "A grande lição da história, diz o maior mestre em assuntos de arte que este século já produziu, é que [...]" (Barbosa, 1949, p.38).

sido sustentadas até aqui pelo poder egoístico da nobreza, sem que nunca se estendessem a confortar, ou auxiliar, a massa do povo, as artes do gosto, praticadas e amadurecidas assim, concorreram unicamente para acelerar a ruína dos Estados que exornavam; de modo que, em qualquer reino, o momento em que apontardes os triunfos dos seus máximos artistas indicará precisamente a hora do desabamento do Estado. Há nomes de grandes pintores, que são como dobres funerários: o nome de Velásquez anuncia o traspasso de Espanha; o de Ticiano, a morte de Veneza; o de Leonardo, a ruína de Milão; o de Rafael, a queda de Roma. Coincidência profundamente justa; porquanto está na razão direta da nobreza desses talentos o crime do seu emprego em propósitos vãos ou vis; e, antes dos nossos dias, quanto mais elevada à arte, tanto mais certo o seu uso exclusivo na decoração do orgulho, ou na provocação da sensualidade. Outra é a verdade que se nos franquia. Demos de mão à esperança, ou, se preferis, renunciemos à tentação das pompas e louçanias da Itália na sua juventude. Não é mais para nós o trono de mármore, nem a abóbada de oiro; o que nos toca, é o privilégio, mais eminente e mais amável, de trazer os talentos e os atrativos da arte ao alcance dos humildes e dos pobres; e, pois que a magnificência das passadas eras caiu pelo exclusivismo e pela sua universalidade e pela sua humildade se perpetuará. Os quadros de Rafael e Buonarotti deram apoio às falsidades da superstição e majestade às fantasias do mal; a missão, porém, das nossas artes é instruírem da verdade a alma, e moverem à benignidade o coração. O aço de Toledo e as sedas de Gênova só à opressão e à vaidade aproveitaram, imprimindo-lhes força e lustre; às nossas fornalhas e aos nossos teares o destino de reanimar os necessitados, civilizar os agrestes, e dispensar pelos lares cheios de paz a benção e a riqueza do gozo útil e da ornamentação simples. (Barbosa, 1949, p.38-40)

Em outro momento do mesmo discurso, Barbosa traduziu um trecho de outra obra ruskiniana, *Modern Painters*:

Quando já de árvores e plantas não há mais préstimo que nos valha, o musgo carinhoso e o líquen alvadio velam junto da pedra tumular. As selvas, as flores, as ervas dadivosas por algum tempo nos auxiliaram; mas estes servem-nos para sempre. Arvoredo para o vergel; as flores para a alcova nupcial; messes para o celeiro; para o sepulcro, o musgo. (ibidem, p.37)

Não se pode dizer que Barbosa fosse ingênuo em relação às ideias de Ruskin. A aproximação dos dois ganhou maior dimensão quando o escritor inglês foi citado na *Reforma do ensino primário*, publicada em 1883 (obra considerada o projeto de Rui Barbosa para a industrialização do país).[15]

Mr. Ruskin, o eloquente artista, a cuja influência se deve, em nossos dias, o despertar da vida artística no seio da Inglaterra, e cuja benéfica propaganda substituiu, no sentimento público, o culto das antigas convenções pelo estudo reverente e afetuoso da natureza, atuando profundamente na moderna cultura popular do seu país, Mr. Ruskin lamentava um dia o esquecimento da natureza na educação, em palavras que parecem tecidas de propósito para o estado geral do ensino entre nós. (idem, 1946, p.253)

Barbosa, assim como Ruskin e Béthencourt, anunciava o ensino da *estética* como uma atribuição moral.

---

15 "Afirma que a solução para o problema do desenvolvimento do país, uma nação agrícola, seria tornar-se uma nação industrial. E sugere a criação da indústria, organizando a sua educação. [...] Se o Brasil é um país especialmente agrícola, por isso mesmo cumpre que seja um país ativamente industrial – esta é a ideia fundamental de Rui que vai figurar nos seus trabalhos sobre a educação: a emancipação econômica do Brasil por meio da mudança da orientação da política de ênfase na agricultura, para colocá-la na indústria" (Magalhães, 2003, p.32).

Vai-se começando a encarar o desenho como ramo essencial da educação geral em todos os graus, e, ainda, como a base de toda a educação técnica e industrial. Vai-se percebendo que ele constitui uma coisa útil em todas as partes do trabalho e em todas as condições da vida; que é o melhor meio de desenvolver a faculdade de observação, e produzir o gosto do belo nos objetos da natureza e de arte, que é indispensável ao arquiteto, ao gravador, ao desenhador, ao escultor, ao mecânico; que, em suma, dá à mão e ao olho uma educação, de que todos teem necessidade. (ibidem, p.110)

Barbosa não chegou a aprofundar teoricamente suas ideias, como o fez Ruskin, mas deixou claro que conhecia os ideais ruskinianos e que concordava com eles. Assim, ao tratar do assunto pedagogia em *Lições de coisas*, referiu-se à conciliação da educação com a natureza, anunciando uma *educação natural*.

Mas esta reforma encarna em si precisamente a reação mais completa contra esse sistema. Ela parte do desejo de unificar a educação com a natureza; inspira-se na justa indignação contra a pedagogia retórica, a que, já no tempo de Montaigne, lhe ditava estas palavras, onde parece transluzir o pressentimento da revolução educativa, que os nossos tempos estão presenciando. (ibidem, p.274)

Podem ser vistas na biblioteca particular de Rui Barbosa, hoje pertencente à Fundação Casa de Rui Barbosa, várias obras do escritor inglês.[16]

---

16 Foram encontrados textos de uma editora norte-americana de Nova Iorque (Ruskin's Work), United States Book Company, de John Ruskin: *The Crown of Wild Olive*; *Munera pulveris*; *Pré-Raphaelitism*; *The Ethics of the Dust*; *The Elements of Drawing*;

O ensino do desenho

Rui Barbosa foi sócio honorário do LAO do Rio de Janeiro.[17] Para ele, o ensino do desenho deveria anteceder o da escrita e o da leitura.

Não se imagine o desenho no currículo escolar sob o funesto espírito pedagógico de que é presa a instrução nacional entre nós. Somos um povo de sofistas e retóricos, nutridos de palavras, vítima do seu mentido prestígio, e não reparamos em que essa perversão, origem de todas as calamidades, é obra de nossa educação na escola, na família, no colégio, nas faculdades. O nosso ensino reduz-se ao culto mecânico da frase: por ela nos advêm feitos, e recebemos inverificadas, as opiniões que adotamos, por ela desacostumamos a mente de toda ação própria; por ela estranhamos a realidade, ou de não discerni-la senão através de *Nuvens*. [...] O desenho não é o produto da fantasia ociosa, mas o

---

Deucalion; *The King of the Golden River*; *The Eagle's Nest*; *Arrow of the Chace*; *For Clavigera*; *Letters to the Workmen and Labourers*; *Hortus Incluses*; *Lectures on Art*; *Proserdina*; *Ariadne Florentina*; *The Opening of the Crystal Palace*; *St. Marks Rest*; *The Elements of Perspective*; *The Stones of Venice* v.1, 2, 3; *The Two Paths*; *Loue's Meine*; *The Pleasures of England*; *Mornings in Florence*; *Notes on the Construction of Sheepfolds*. Além de algumas traduções em edição francesa, Paris: *Libraire rendaurd*, H. Laurens éditeur, 1908. *Les reps de Sant Mark*; *Les pierre de Venise*; *Les matins a Florence*; *Pages choisies* (Biblioteca Particular de Rui Barbosa. Fundação Casa de Rui Barbosa, Rio de Janeiro, Rua São Clemente, n.134).

17 "Ofício datado de 10/10/1878 quando se denominava Imperial Liceu de Artes e Ofícios o telegrama, datados de 21 e 26/11/1901 e 18/9/1921 comunicando que lhe foi conferido o título de sócio-honorário, solicitando sua proteção para obter determinada subvenção de governo federal, felicitando pela eleição para a corte permanente de justiça internacional. Anexo diploma de título acima mencionado datado de 6/9/1878". (Arquivo de Rui Barbosa, [s.d.], p.958).

98 CLAUDIO SILVEIRA AMARAL

estudado fruto da observação acumulada. Sem observação, sem experiência, não há desenho. (ibidem, p.52)

Propôs um ensino com base na observação da natureza, abandonando a tradicional *pedagogia da repetição jesuítica*. A educação idealizada por Barbosa queria alterar os costumes e os valores de uma sociedade preconceituosa em relação ao trabalho manual.[18]

A reforma do ensino deveria começar pelos primeiros ensinamentos da criança. Pretendia-se com isso alterar a mentalidade de uma sociedade escravocrata para uma com base no trabalho industrial.[19] Na época, acreditava-se que o ensino teria esse poder.[20]

---

18 "[...] estamos inabalavelmente convencidos de que o ponto de partida para promover a expansão da indústria nacional, ainda até hoje entre nós embrionário, é introduzir o ensino do desenho em todas as camadas da educação popular, desde a escola até os liceus, e dar aos liceus nova capacidade, adaptando-os à formação de profissionais nas artes de aplicação comum. [...] Temos todo um futuro a criar; e esse futuro é o do país (Barbosa, 1942, p.172).

19 "[...] Por essa forma, Rui revivia João Barbosa. Com ele se identificava, e melhor o compreendia. Porque a reforma do método, não deveria ser, para ambos, simples alteração da mecânica escolar. Deveria ser a reforma dos costumes e da mentalidade de nossa gente – a outra face das lutas do pai e do filho... E, então escrevia: Quem conhecer o estado mental de nossa pátria, não terá dúvida em confessar que este é, igualmente, o achaque geral de nossa época e de nossa terra. A escola é o primeiro e mais decisivo fator nessa deturpação da humanidade" (idem, 1950, p.xxxii).

20 "Parodiando o dito de um antigo general, que, a respeito da guerra, afirmava – Para vencerdes, três cousas haveis mister: primeira, dinheiro; segunda, mais dinheiro; terceira, ainda mais dinheiro – esse estadista exprimia-se assim: Ao meu ver, cada mestre é um general, um combatente contra a ignorância e a superficialidade. Ora, para mim tenho a falta de instrução como a raiz de todos os males, que há na terra; e não vejo outro meio de develá-la senão três cousas: primeiro, instrução; segundo, mais instrução; terceiro, muito mais instrução" (idem, 1949, p.45).

A educação da estética foi tratada como se fosse uma panaceia que resolveria não apenas o preconceito em relação às artes mecânicas, mas também as questões econômicas, a de luta de classes, a moralização da política e até as questões relacionadas à democratização do país.

A educação industrial representa um dos auxiliares mais eficazes no nivelamento crescente das distinções de classes entre os homens, não deprimindo as superioridades reais, mas destruindo as inferioridades artificiais, que alongam dessa eminência as camadas laboriosas do povo, isto é, elevando a um plano cada vez mais alto a ação e o pensamento operário. A miopia intelectual é a mais constante geradora de egoísmo. Incuti ao indivíduo hábitos sérios de observação, de disciplina mental, de aplicação racional das nossas faculdades práticas, e o belo, nota universal na harmonia do universo, assumirá o seu domínio sobre as almas, propagando a fraternidade entre todas as classes, aniquilando todas as concepções de casta, e estabelecendo realmente entre todos os homens a igualdade moral, impossível sem o desenvolvimento simétrico de todas as aptidões humanas no indivíduo e na comunidade. A democracia quase não existe entre nós, senão nominalmente; porque as forças populares, pela incapacidade de um sistema de educação nacional, estão de fato mais ou menos excluídas do governo. O ensino industrial, porém, infalivelmente inaugurará a iniciação delas na obra política do Estado. Certamente, a arte é a mais poderosa propagadora de paz. (ibidem, p.55-6)

Além disso, assim como o *Arts and Crafts* inglês, a educação evitaria um levante socialista, assunto preocupante na época.

Se quereis, pois cimentar a ordem necessária das sociedades em bases estáveis é na escola que as deveis lançar. É antes de experimentar as primeiras agruras, as primeiras feridas do combate pela existência, que o futuro trabalhador há de sentir, pela direção da cultura que receberam as suas faculdades nascentes, o valor supremo, a inviolabilidade absoluta dos interesses que presidem à distribuição das categorias sociais pela herança, pelo merecimento e pelo trabalho. Só então o seu espírito disporá da lucidez precisa, para se revestir em tempo do tríplice bronze do bom senso as loucuras socialistas, contra os ódios inspiradores da subversão revolucionária, e compreender que o nível da demolição, preconizado pelos inventores de organizações sociais em nome da igualdade universal, representa em si, pelo contrário, a mais tenebrosa de todas as opressões, a mais bárbara de todas as desigualdades, a mais delirante de todas as utopias. (ibidem, p.361-2)

Em *Lições de coisas*, tradução de Barbosa do método do norte-americano *Calkins*, o ensino se inicia com as coisas concretas, para só depois chegar às abstratas. Barbosa criticou o método da pedagogia jesuítica que, por meio da catequese, decorava conceitos, frases, e tratava das ideias desvinculadas da vida prática.[21]

---

21 Também chamado de Lancaster e Bell, Joseph Lancaster (1775-1838), quaker inglês, criador do sistema, que, pessoalmente, introduziu nos Estados Unidos. Andrew Bells (1735-1832), médico militar inglês, diretor por algum tempo de um orfanato na Índia, grande propugnador das ideias de Lancaster. A ideia geral do sistema era, aliás, desde muito praticada pelos hindus; também adotada na pedagogia dos jesuítas. Comenius (1582-1670) o recomendava como recurso de economia da organização escolar, como se vê da *Didactica* magna, capítulo 19. Na propagação que dele fizeram, Lancaster e Bell influíam de muito as tendências do filantropismo pedagógico da época. O sistema de ensino mútuo foi consagrado em nosso país em 15 de outubro de 1827. Aos resultados colhidos, fazem referência os relatórios do ministro do Império em 1838, Bernardo de Vasconcelos, e em 1848, Visconde de Macaé (idem, 1950, p.15).

Em *Lições de coisas* a pedagogia da memorização foi qualificada de *tirania da palavra* e *tirania do ensino livresco*, além de *mecanização do ensino*.

O projeto abortado

A reforma do ensino de Rui Barbosa nunca foi introduzida.

Embora a reforma da instrução proposta por Rui houvesse causado forte impacto na sociedade e grande impressão no Imperador D. Pedro II, pela erudição, pelas opiniões defendidas e pelas justificativas apresentadas, houve ceticismo quanto à praticidade de se pôr em uso um sistema considerado moderno, grandioso, mas voltado para o estrangeiro, irrealista e inadaptável para o país. Numa compensação, que talvez não viesse ao encontro dos seus desejos, por indicação de Lafayette, recebe do imperador o título de Conselheiro, em reconhecimento à sua luta em favor da instrução pública. (Magalhães, 2003, p.34)

Se Rui Barbosa foi de alguma forma *recompensado*, o LAO do Rio de Janeiro já não teve essa *sorte*. Ao contrário, sofreu constantes ataques por parte do estado. O mais grave foi quando o governo do Rio de Janeiro rompeu um acordo que cedia ao LAO uma mensalidade em troca da desapropriação e demolição de seu edifício sede na Avenida Rio Branco, no centro do Rio de Janeiro, vendido depois para a Caixa Econômica Federal.

Sem recursos, o LAO hoje cobra mensalidades de seus alunos, atuando como escola primária de dia e faculdade à noite (Faculdade Béthencourt da Silva).

Apesar de a política do ensino do LAO do Rio de Janeiro e da reforma do ensino primário de Rui Barbosa terem sido abandonadas, elas fazem parte da história do processo de industrialização e da história do ensino do desenho no Brasil. E o curioso é que a formulação de uma lógica e de uma razão do crítico de arte inglês John Ruskin também.

Figura 1 – Diversidade de desenhos nos capitéis desrespeitando a ordem greco-romana

Fonte: Ruskin's Library, Universidade de Lancaster, Reino Unido, 2004

Figura 2 – Diversidade de desenhos nos capitéis desrespeitando a ordem greco-romana

Fonte: *Las siete lamparas de la arquitectura*, Buenos Aires: El Ateneio, s.d.

John Ruskin *Decoration by Disks: Palazzo dei Badoari Partecipazzi*

Figura 3 – O elemento estrutural arco decorado: a estética arquitetônica ruskiniana

Fonte: Ruskin's Library, Universidade de Lancaster, Reino Unido, 2004

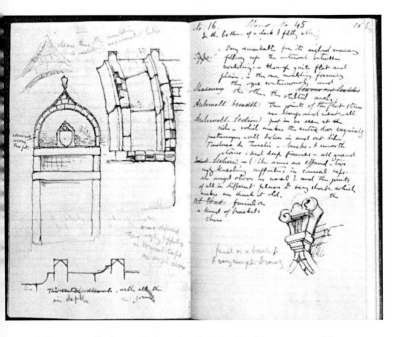

Figura 4 – Caderno de desenho de John Ruskin em suas visitas a Veneza

Fonte: Ruskin's Library, Universidade de Lancaster, Reino Unido, 2004

Figura 5 – As várias possibilidades de desenho para os arcos
Fonte: Ruskin's Library, Universidade de Lancaster, Reino Unido, 2004

Figura 6 – A riqueza das cores no gótico. As pedras de Veneza: os mármores de Veneza

Fonte: Ruskin's Library, Universidade de Lancaster, Reino Unido, 2004

Figura 7 – Influência mourisca
Fonte: Ruskin's Library, Universidade de Lancaster, Reino Unido, 2004

Figura 8 – Capitel com desenho original
Fonte: Ruskin's Library, Universidade de Lancaster, Reino Unido, 2004

JOHN RUSKIN E O ENSINO DO DESENHO NO BRASIL 111

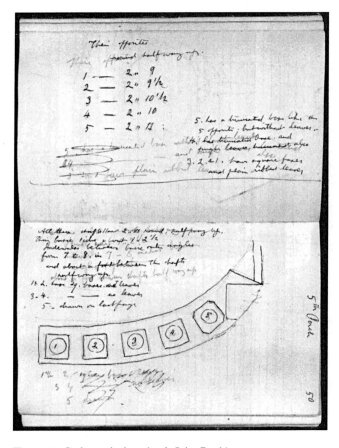

Figura 9 – Caderno de desenho de John Ruskin
Fonte: Ruskin's Library, Universidade de Lancaster, Reino Unido, 2004

Figura 10 – Caderno de desenho de John Ruskin
Fonte: Ruskin's Library, Universidade de Lancaster, Reino Unido, 2004

Figura 11 – São Marcos desenhado por Ruskin
Fonte: Ruskin's Library, Universidade de Lancaster, Reino Unido, 2004

114   CLAUDIO SILVEIRA AMARAL

Figura 12 – A verdade das estruturas
Fonte: Ruskin's Library, Universidade de Lancaster, Reino Unido, 2004

Figura 13 – A verdade das estruturas
Fonte: Ruskin's Library, Universidade de Lancaster, Reino Unido, 2004

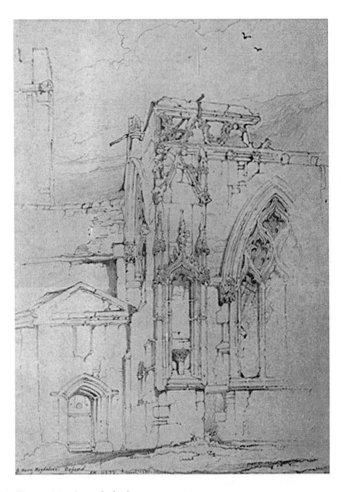

Figura 14 – A verdade das estruturas
Fonte: Ruskin's Library, Universidade de Lancaster, Reino Unido, 2004

JOHN RUSKIN E O ENSINO DO DESENHO NO BRASIL 117

Figura 15 – "Estudo Veneza"
Fonte: Ruskin's Library, Universidade de Lancaster, Reino Unido, 2004

118 CLAUDIO SILVEIRA AMARAL

Figura 16 – A verdade das estruturas
Fonte: Ruskin's Library, Universidade de Lancaster, Reino Unido, 2004

Figura 17 – A verdade das estruturas
Fonte: Ruskin's Library, Universidade de Lancaster, Reino Unido, 2004

Figura 18 – Desenho de galho
Fonte: Ruskin's Library, Universidade de Lancaster, Reino Unido, 2004

Figura 19 – Colorido dos mármores
Fonte: Ruskin's Library, Universidade de Lancaster, Reino Unido, 2004

John Ruskin *Study of marble Inlaying on the front of the Casa Loredan, Venice* 1845

Figura 20 – Colorido dos mármores
Fonte: Ruskin's Library, Universidade de Lancaster, Reino Unido, 2004

Figura 21 – Rua 7 de Setembro esquina com Rua Uruguaina (detalhe de ornamentação)

Foto: acervo pessoal do autor

Figura 22 – Rua Buenos Aires, 217 (detalhe de ornamentação)
Foto: acervo pessoal do autor

Figura 23 – Rua Buenos Aires, 238 (detalhe de ornamentação)
Foto: acervo pessoal do autor

Figura 24 – Rua Buenos Aires, 307 (em cima, residência; embaixo comércio popular)

Foto: acervo pessoal do autor

JOHN RUSKIN E O ENSINO DO DESENHO NO BRASIL 127

Figura 25 – Rua da Constituição, 41 (detalhe de ornamentação)
Foto: acervo pessoal do autor

Figura 26 – Rua do Lavradio, esquina com Rua Relação, 300 (detalhe de ornamentação)

Foto: acervo pessoal do autor

Figura 27 – Rua do Lavradio, 22 a 30 (em cima, residência; embaixo comércio popular)

Foto: acervo pessoal do autor

Figura 28 – Rua do Lavradio, 32 (detalhe de ornamentação)
Foto: acervo pessoal do autor

Figura 29 – Rua Gomes Freire, 151 (detalhe de ornamentação)
Foto: acervo pessoal do autor

Figura 30 – Rua Gomes Freire, 248 (detalhe de ornamentação)
Foto: acervo pessoal do autor

Figura 31 – Rua do Senado, 47 a 49
Foto: acervo pessoal do autor

Figura 32 – Rua Passos, 50: mistura de azulejos, ecletismo
Foto: acervo pessoal do autor

Figura 33 – Rua Visconde do Rio Branco, 62
Foto: acervo pessoal do autor

Figura 34 – Rua Barão do Rio Branco, esquina com Rua dos Inválidos
Foto: acervo pessoal do autor

REFERÊNCIAS BIBLIOGRÁFICAS

ANDRADE J. R. *Vida e obra de Francis Bacon, Novum Organum ou verdadeiras indicações acerca da interpretação da natureza e nova Atlântida*. São Paulo: Nova Cultural, 1999. (Coleção Os Pensadores)

ASHBEE, C. R. *Endeavour towards the teaching of John Ruskin and William Morris*. Londres: Folcroft Library Editions, 1973.

BARBOSA, R. *Reforma do ensino primário*. Obras completas de Rui Barbosa, v.10, t.2. Rio de Janeiro: Ministério da Educação e Saúde, 1946.

_____. *O desenho e a arte industrial*. Rio de Janeiro: Rodrigues & Cia, 1949.

_____. *Lições de coisas*. Obras completas de Rui Barbosa, v.13, t.1. Rio de Janeiro: Ministério da Educação e Saúde, 1950.

_____. In: Gama, R. *A tecnologia e o trabalho na História*. São Paulo: Nobel; Edusp, 1986.

BARROS, A. P. *O Liceu de Artes e Ofícios e seu fundador*. Rio de Janeiro: Typographia do Liceu de Artes e Ofícios do Rio de Janeiro, 1956.

BAYER, R. *A história da estética*. Lisboa: Estampa, 1971.

BAZIN, G. *História da história da arte*. São Paulo: Martins Fontes, [s.d.].

BENJAMIN, W. *O conceito de crítica de arte no romantismo alemão*. São Paulo: Iluminuras, 1999.

BÉTHENCOURT DA SILVA, F. J. O Brazil artístico. *Revista da Sociedade Propagadora das Bellas-Artes do Rio de Janeiro*,

138 CLAUDIO SILVEIRA AMARAL

Nova Phase. Rio de Janeiro: Typographia Leuzinger, 1911, p.27.

BIELINSKI, A. C. *Liceu de Artes e Ofícios do Rio de Janeiro:* dos pressupostos aos reflexos de sua criação – de 1856 a 1900. Rio de Janeiro. Rio de Janeiro, 2003. Dissertação (Mestrado em História e Crítica da Arte) – Faculdade de Belas Artes, Universidade Federal do Rio de Janeiro.

BOCKEMUEHL, M. *Turner, the World of Light and Color.* Koln: Taschen, 2000.

BRADLEY, J. L. *Ruskin, the Critical Heritage.* Londres: Routledge & Henley, 1984, p.14, 17, 113, 272.

BRIGGS, A. *William Morris Selected Writings and Designs.* Londres: Richard Clay & Co., 1955.

CASSIRER, E. *A filosofia do Iluminismo.* Campinas: Editora da Unicamp, 1997.

CLARK, F. *Paisagem na arte.* Lisboa: Ulisséia, 1961.

CLARK, K. *Ruskin Today.* Londres: John Murray, 1964a.

_____. *Ruskin and his Circle.* Londres: Shenval Press, 1964b.

CROOK, J. M. Ruskinian Gothic. In: HUNT, D. *The Ruskin Polygon.* Manchester: Manchester University Press, 1982.

DAVIES, L. J. *The Working Men's College:* 1854-1904, Records of its History and its Work for Fifty Years by Members of the College. Londres: Mamillan and Co., 1904.

DIDEROT, D. *Pensamientos sueltos sobre la pintura.* Madrid: Editorial Tecnos, 1988.

_____. *Da interpretação da natureza.* São Paulo: Iluminuras, 1989.

EVANS, J. *The Lamp of Beauty.* Londres: Phaidon Press, 1959.

FARTHING, S. *Ruskin and the Art of Education.* Birgmingham: The review of the Pre-Raphaelite Society; Keymay Communications, 1993.

FRANCASTEL, P. *Pintura y sociedad.* Madrid: Catedra, 1990.

GAMA, R. *A tecnologia e o trabalho na história.* São Paulo: Nobel; Edusp, 1986.

GOMES, N. *Um revolucionador de ideias, Rui Barbosa.* Rio de Janeiro: CHD, 2003.

GORDON, S. *John Ruskin and the Victorian Eye.* Nova Iorque: Harry Abrams, 1993.

HASLAM, R. *Looking,* Drawing and Learning with John Ruskin at the Working Men´s College. Oxford: Jornal of Art and Design, Oxford, v.7, n.1, p.75-7, 1988.

HELSINGER, E. *Ruskin and the Art of the Beholder.* Massachusetts: Harvard University Press, 1982.

JOHN RUSKIN E O ENSINO DO DESENHO NO BRASIL   139

HERSEY, G. Ruskin as an Optical Thinker. In: HUNT, D. *The Ruskin Polygon*. Manchester: Manchester University Press, 1982.

HEWISON, R. John Ruskin and the Argument of the Eye. In: *John Ruskin and the Victorian Eye*. [s.l.]: [s.n.],1993, p.46.

HUNT, D. *The Ruskin Polygon*. Manchester: Manchester University Press, 1982.

KATINSKY, J. Desenho industrial. *Zanine. História Geral da Arte no Brasil*, v.2, São Paulo, Instituto Walter Moreira Sales Fundação Djalma Guimarães, 1983.

_____. Introdução a Marincourt: antecedentes medievais da ciência moderna. In: LAGONEGRO, M. A. *Carta de Pedro Peregrino de Maricourt sobre os magnetos ao mestre fortificador Suger de Foucacourt*. São Paulo: texto inédito, 2001.

_____. *Renascença:* estudos periféricos. São Paulo: FAU; USP, 2003.

_____. *Crítica à história da arte italiana de Giulio Argan*. São Paulo: texto inédito, 2004.

KITCHIN, G. W. *Ruskin in Oxford*. Londres: John Murray, 1904.

MAGALHÃES, R. M. M. Os discursos de Rui Barbosa. Prefácio de *Desenho*: um revolucionador de ideias. Rio de Janeiro: CHD, 2003, p.34.

MARQUES, R. *A originalidade do moderno*. São Paulo: texto inédito, 2000.

MENEGUELLO, C. *Da ruína ao edifício:* neogótico, reinterpretação e preservação do passado na Inglaterra vitoriana. Campinas, 2000. Tese. – Departamento de História do Instituto de Filosofia, Ciências Humanas, Unicamp.

OLIVEIRA, de F. *Crítica à razão dualista o ornitorrinco*. São Paulo: Boitempo, 2003.

PARKER, H. *Introduction to the Study of Gothic Architecture*. Londres: James Parker and Co., 1874, p.110.

PENNY, N. *Ruskin's Drawing*. Oxford: The University of Oxford; Ashmolean Museum, 1988.

PEVSNER, N. *The Englishness of English Art*. Londres: British Broadcasting Corporation (BBC); Reith Lectures; The Chiswick Press, 1955.

PIMENTA, P. *A linguagem das formas:* ensaio sobre o estatuto do belo na filosofia de Shaftesbury. São Paulo, 2000. Tese – FFL-CH; USP.

RIO, J. do. *O Brazil Artístico Nova Phase*, Rio de Janeiro: Typographia Luezinger, 1911.

QUENNELL, P. *John Ruskin*. Londres: Longmans Green & Co., 1956.

QUILL, S. *Ruskin's Venice, the Stones Revisited*. Londres: Ashgate, 2000.

ROSEMBERG, J. *The Darkening Glass*. Nova Iorque: Columbia University Press, 1962.

RUSKIN, J. *The Nature of Gothic*. A Chapter of The stones of Venice. Londres: G. Allen, 1892.

_____. *The Seven Lamps of Architecture*. Londres: J. M. Dent & Sons, 1921.

_____. *The Stones of Venice*. Londres: George, Allen & Unwin, 1925, v.1, 2 e 3.

_____. *Sesame and Lilies; The Two Paths; The King of the Garden*. Londres: J. M. Dent & Sons, 1944.

_____. *Modern Painters*. Londres: Smith, Elder & Co., 1948, v.1.

_____. *Lectures on Architecture and Painting*. Londres: Smith, Elder and Co., 1854.

_____. *Modern Painters*. Londres: Smith, Elder & Co., 1856a, v.2.

_____. *Modern Painters*. Londres: Smith, Elder & Co., 1856b, v.3.

_____. *Modern Painters*. Londres: Smith, Elder & Co., 1856c, v.4.

_____. *Modern Painters*. Londres: Smith, Elder & Co., 1860, v.5.

_____. *Munera Pulveris*. Londres: Routledge; Thoemmes Press, 1994a.

_____. *A Joy for Ever*. Londres: Routledge; Thoemmes Press, 1994b.

_____. *Time and Tide*. Londres: Routledge; Thoemmes Press, 1994c.

_____. *The Crown of Wild Olive*. Londres: Routledge; Thoemmes Press, 1994d.

_____. *Unto this Last*. Londres: Routledge; Thoemmes Press, 1994e.

_____. *Las siete lamparas de la arquitectura*. Buenos Aires: El Ateno, [s.d.].

SADLER, M. *John Ruskin Plan for National Education*. Manchester: Romanes & Son, 1907.

SMART, W. *John Ruskin, his Life and Work; John Ruskin Social reformer*. Londres: Routledge; Thoemmes Press, 1994.

THOMPSON, E. P. *William Morris Romantic to Revolutionary*. Londres: Lawrence & Wishart, 1955, p.802.

TURNER, J. M. W. *The world of light and colour*. Londres: Taschen, 2000.

Bibliografia de apoio

ARGAN, G. *Brunelleschi*. Milão: Xarait Ediciones, 1955.

————. *El pasado en el presente*. Barcelona: Gustavo Gilli, 1977.

————. *Storia della arte italiana*. Florença: Sansoni Editore, 1988.

ARGAN, G.; FAGIOLO, M. *Guia da história da arte*. Lisboa: [s.n.], [s.d.].

ARQUIVO DE RUI BARBOSA. Inventário analítico da série *Correspondência geral*, v.5, Fundação Casa de Rui Barbosa, [s.d.], p.958.

BARBOSA, R. *A reforma do ensino primário*. Obras Completas de Rui Barbosa, v.9, t.1. Rio de Janeiro: Ministério da Educação e Saúde, 1942, p.172.

BANDINELLI, R. B. *Roma:* fine dell'a arte antica. Madrid: Rizolli, 1970.

BANHAM, R. *Teoria e projeto na primeira era da máquina*. São Paulo: Perspectiva, 1975.

BATISTA, J. *James Murphy e o restauro do mosteiro de Santa Maria da Vitória no século XIX*. Lisboa: Estampa, 1997.

BELLUZZO, A. M. *Artesanato arte e indústria*. São Paulo, 1988. Tese – Faculdade de Arquitetura e Urbanismo, Universidade de São Paulo.

BENÉVOLO, L. *A história da arquitetura moderna*. São Paulo: Perspcetiva, 1976.

————. *A história da cidade*. São Paulo: Perspectiva, 2001.

CHAVES, A. *Florestan Fernandes:* um sociólogo pensando a educação. São Paulo, 1997. Tese – Pontifícia Universidade Católica.

CHOAY, F. *El urbanismo, utopia y realidad*. Barcelona: Editorial Lúmen, 1971.

ENGELS, F. *A dialética da natureza*. Rio de Janeiro: Paz e Terra, 1979.

FABRIS, A. *Ecletismo na arquitetura brasileira*. São Paulo: Novel; Edusp, 1987.

FRAMPTON, K. *Historia de la arquitectura moderna*. Barcelona: Gustavo Gilli, 1996.

FUSCO, R. *A ideia de arquitetura*. Lisboa: Edições 70, 1972.

GIEDION, S. *Espacio, tiempo y arquitectura*. Barcelona: Hoelpi, 1955.

GRODECKI, L. *Gothic architecture*. Milão: Electa Editare, 1978.

GUNN, P. *Biological Influences in the Form/function Debates on Architecture:* the Origins and Basis of Mumford Architecture Critique. São Paulo: texto inédito, 2000.

142 CLAUDIO SILVEIRA AMARAL

JOLLY, N. *Ruskin on Education*. Dunferline: George Allen, 1894.

MAGNÓLIA, C. S. Posfácio. In: Diderot, D. *Da interpretação da natureza*. São Paulo: Iluminuras, 1989, p.172.

MARX, K. *O capital*. Rio de Janeiro: Civilização Brasileira, 1988, livro1, v.1.

_____; ENGELS, F. *Textos*. São Paulo: Alfa Omega, [s.d.], v.3.

MUMFORD, L. *Arte e técnica*. São Paulo: Martins Fontes, [s.d.].

_____. L. *A cidade na história:* suas origens, transformações e perspectivas. São Paulo: Martins Fontes; Editora de Brasília, 1982.

PEVSNER, N. *The Englishness of English Art*. Londres: BBC Reith Lectures; The Chiswick Press, 1955.

SCHILLER, F. *A educação estética do homem*. São Paulo: Iluminuras, 2002.

SIMSON, O. *A catedral gótica*. Madrid: Alianza Forma, 1985.

SQUEFF, L. C. *O Brasil nas letras de um pintor:* Manuel de Araújo Porto Alegre (1806-1879). São Paulo, 2000. Dissertação – Faculdade de Filosofia, Letras e Ciências Humanas, Universidade de São Paulo.

SZARLOWSKI, J. *The Idea of Louis Sullivan*. Minneapolis: University of Minesota Press, 1956.

TAFURI, M.; DAL, CO. *Modern architecture*. Nova Iorque: Harry Abrams, 1976.

VIOLLET-LE-DUC, E. *Discourses on architecture*. Boston: Allen & Unwin, 1959, v.1.

VITRÚVIO, P. *Vitrúvio da arquitetura*. São Paulo: Hucitec Fupam, 1999.

WHELLER, M. *Death and the Future Life in Victorian Literature and Theology*. Cambridge: Cambridge University Press, 1990.

WITTKOVER, R. *Escultura*. São Paulo: Martins Fontes, 2001.

ZANINE, W. *História geral da arte no Brasil*. v.1 e 2. São Paulo: Instituto Moreira Salles, 1983.

OS PENSADORES. História da filosofia. São Paulo: Nova Cultural, 1999.

Relatórios, jornais, revistas, entrevistas

ENTREVISTA com o Presidente da Sociedade Propagadora das Belas Artes e Liceu de Artes e Ofícios do Rio de Janeiro, Sr. Sílvio Viana da Silva, 2004.

JOHN RUSKIN E O ENSINO DO DESENHO NO BRASIL 143

ENTREVISTA com a atual diretora da Faculdade Béthencourt da Silva, Maysa de Lacerda Freire, 2004.

ENTREVISTA com a historiadora do Liceu de Artes e Ofícios do Rio de Janeiro, Alba Bielinski, 2004.

ENTREVISTA com o chefe do setor ruiano da Fundação Casa de Rui Barbosa, Rejane M. Moreira de A. Magalhães, 2004.

ENTREVISTA com Stephen Wildman, curador da Ruskin Library, University of Lancaster, Lancaster, UK, 2004.

ENTREVISTA com John Walton, diretor de pesquisa da University of Central Lancashire, Preston, UK, 2004.

ENTREVISTA com John Marsden, Abingdon Library, Oxford, UK, 2004.

PROSPECTUS A COR. Rio arte Corredor Cultural. Rio de Janeiro: Rio/arte, 1990.

PROSPECTUS da Ruskin School of Drawing and Fine Art. Oxford: University of Oxford, 2003-2004.

PROSPECTUS do Ruskin College. Oxford: Ruskin College, 2004-2005.

RELATÓRIO DO LYCEU DE ARTES e OFÍCIOS apresentado à Sociedade Propagadora das Bellas-Artes pelas directorias de 1878 a 1881. Rio de Janeiro: Typ. De J. P. Hildebrandt, 1881.

RELATÓRIO DO LYCEU DE ARTES E OFÍCIO apresentado à Sociedade Propagadora das Bellas-Artes pelas directorias de 1885 a 1888. Rio de Janeiro: Typ. Da Papelaria Ribeiro, 1895.

REVISTA O BRAZIL ARTÍSTICO. Revista da Sociedade Propagadora das Bellas-Artes do Rio de Janeiro, (Nova Phase). Rio de Janeiro: Typographia Leuzinger, 1911.

REVISTA CORREDOR CULTURAL. *Como recuperar, reformar ou construir seu imóvel*. Rio de Janeiro: Rio/arte; IPP, 2004.

WORKING MEN'S COLLEGE. *Jornal of Art and Education*, Londres, v.7.

THE DAILY CHRONICLE. Londres, 8 fev. 1889. Artigo de Frederic Harrison sobre os 80 anos de John Ruskin n. 1, 1988.

SOBRE O LIVRO

Formato: 12 x 21 cm
Mancha: 20,4 x 42,5 paicas
Tipologia: Horley Old Style 10,5/14
Papel: Off-set 75 g/m² (miolo)
Cartão Supremo 250 g/m² (capa)
1ª edição: 2011

EQUIPE DE REALIZAÇÃO

Coordenação Geral
Marcos Keith Takahashi

Impressão e acabamento
psi7 | ßooĸ7